장돌뱅이의
전설과 역사

장돌뱅이의
전설과 역사

초판 1쇄 인쇄일	2025년 11월 19일
초판 1쇄 발행일	2025년 11월 26일
기　획	한국국학진흥원
지은이	조영준
펴낸이	한선희
펴낸곳	국학자료원 새미(주)
	등록일 2005 03 15 제251002005000008호
	경기도 고양시 덕양구 권율대로 656 원흥동 클래시아 더 퍼스트 1519, 1520호
	Tel 02)442-4623 Fax 02)6499-3082
	www.kookhak.co.kr
	kookhak2010@hanmail.net
ISBN	979-11-6797-273-6 *94910
	979-11-6797-264-4 *94910 (세트)
가격	15,000원

ⓒ 한국국학진흥원 인문융합본부, 문화체육관광부

* 이 책의 한국어판 저작권은 한국국학진흥원과 문화체육관광부에 있습니다. 신저작권법에 의해
  보호받는 저작물이므로 무단 전재와 복제를 금합니다.

* 저자와의 협의하에 인지는 생략합니다.
  국학자료원 · 새미 · 북치는마을 · LIE는 국학자료원 새미(주)의 브랜드입니다.

조영준 지음
한국국학진흥원 기획

장돌뱅이의
전설과 역사

국학자료원

책머리에

한국국학진흥원은 2022년부터 문화체육관광부의 지원 아래 전통생활사총서 사업을 기획하였다. 이 사업은 전통시대 생활문화를 대중에게 널리 알리고자 해마다 20명의 생활사 전문 연구진을 섭외하여 추진해 왔다. 지난해까지 40종의 총서를 대중에게 선보였고, 올해도 다채로운 주제를 담은 20권을 발간하였다.

한국국학진흥원은 국내에서 가장 많은 67만여 점에 이르는 민간 기록물을 소장하고 있는 기관이다. 대표적인 민간 기록물이라 할 수 있는 일기와 고문서는 당시 사람들의 일상을 세밀하게 이해할 수 있는 생활사의 핵심 자료이다.

그동안 한국의 역사는 '조선왕조실록'이나 '승정원일기'와 같이 세계적으로 자랑할 만한 국가 기록물의 존재로 인해 중앙을 중심으로 이해되어 온 경향이 있다. 반면 민간의 일상생활에 대한 이해와 연구는 상대적으로 덜 주목받은 것도 사실이다. 다행히 한국국학진흥원은 일찍부터 민간에 소장되어 소실 위기에 처한 자료들을 수집하고 보존 처리하며 관리해 왔다. 나아가 이들 자료를 번역하고 심층 연구하여 대중에 공개했다. 이러한 민간 기록물을 활용하고 일반 대중에게 기여할 수 있는 효과적인 방법으로, '전통시대 생활상'을 생생하게 재현한 대중서로 집필하기에 이르렀다. 이는 일반인이 쉽고 재미있게 읽을 수 있는 전통생활사총서를 간행한 이유이기도 하다.

총서 간행을 위해 일찍부터 생활사의 세부 주제를 발굴하는 전문가 자문회의를 개최하고, 전통 생활문화를 가장 잘 구현할 수 있는 핵심 키워드를 선정하였다. 인간의 생활을 규정하는 보편적 분류인 정치, 경제, 사회, 문화의 큰 틀 아래, 매년 각 분야에서 핵심적이고 흥미로운 키워드를 선정하여 집필 주제를 정했다. 이번 총서의 키워드는 정치는 '지방 수령의 생활', 경제는 '시장 경제와 화폐 유통', 사회는 '질병과 의료', 문화는 '여가생활'이다.

각 분야마다 5명의 전공자로 집필진을 구성하고, 독자들이 어디서나 가볍게 들고 다니며 쉽게 읽을 수 있도록 다양한 사례를 풍부하게 담아달라고 요청하였다. 풍부한 사례 제시와 더불어 전문 연구자의 깊이 있는 시각을 담아 대중성과 전문성을 동시에 담보할 수 있는 것이 본 총서의 매력이다.

전문적인 서술로 대중을 만족시키기는 결코 쉽지 않다. 원고 의뢰 이후 5월과 8월에는 각 분야의 전공자를 토론자로 초청하여 2차례의 포럼을 진행하였고, 11월에는 완성된 초고를 바탕으로 대규모 학술대회를 개최하였다. 포럼과 학술대회를 통해 원고의 방향과 내용이 더욱 견고해지도록 점검하는 시간을 가졌다. 원고 수합 이후에는 각 책마다 전문가 3인의 심사 의견을 받았다. 출판사를 선정하여 수차례의 교정과 교열 작업을 거치며 완성도를 극대화했다. 책이 세상의 빛을 보기까지 꼬박 2년이 걸렸다. 짧다면 짧은 기간이지만, 2년의 응축된 시간 동안 꾸준히 검토 과정을 거쳤고, 토론과 교정을 통해 원고의 완성도를 높이기 위해 분주히 노력했다.

전통생활사총서는 국내에서 간행하는 생활사총서로는 가장 방대한 규모이다. 국내에서 전통생활사를 연구하는 학자 대부분을 포함하였다. 2024년도 한 해의 관계자만 연인원 백 명이 넘는 명실공히 국내 최대 규모의 생활사 프로젝트이다.

1990년대 이후 폭발적으로 증가했던 일상생활사와 미시사 연구에 대한 학계의 관심이 근래 들어 다소 소홀해진 상황이다. 본 총서의 발간이 생활사 연구에 활력을 불어넣는 계기가 되기를 기대한다. 연구의 활성화는 연구자의 양적 증가로 이어지고, 연구의 질적 향상 또한 이끌 것이다. 이는 전통문화에 대한 대중들의 관심 역시 증폭시키는 선순환을 만들어 낼 것이라 고대한다.

본 총서는 한국국학진흥원의 연구 역량을 집적하고 이를 대중에게 소개하기 위해 기획된 대표적인 사업 중 하나이다. 참여 연구자의 대다수가 전통시대 전공자이며 앞으로 수년간 지속적인 간행을 준비하고 있다. 올해에도 20명의 새로운 집필자가 각 어젠다를 중심으로 집필에 들어갔고, 내년에 또 20권의 책이 간행될 예정이다. 앞으로 계획된 총서만 100권에 달하며, 여건이 허락하는 한 이 소중한 작업을 지속할 예정이다.

대규모 생활사총서 사업을 지원해 준 문화체육관광부에 감사하며, 본 기획이 가능하게 된 것은 한국국학진흥원에 자료를 기탁해 준 분들 덕분이다. 다시 한번 깊이 감사드린다. 아울러 총서 간행에 참여한 집필자, 토론자, 자문위원 등 연구자분들께도 진심으로 감사 인사를 전한다. 책의 편집을 책임진 국학자료원에도 고마움을 표한다. 이 모든 과정은 한국국학진흥원 여러 구성원들의 노력이 있었기에 가능했다.

2025년 11월
한국국학진흥원 인문융합본부

차례

책머리에   4

1. 전설과 역사를 찾아서   11
전설은 어디서 찾을 수 있나   17

2. 보상과 부상   25
보부상이란?   29
운반 방식에 따른 구분   35
취급 상품에 따른 구분   36
판매 방식에 따른 구분   50
단체 결성의 시기   55
좌우의 명명   59

3. 재생산된 전설   63
기자가 심게 한 버드나무   66
돌을 나르고 성곽을 보수   69
영정포에서 소금을 운반   70

도기 행상 정도전	72
태조 이성계의 부상 임방 창설	75
임방 창설의 계기	79
태조 이성계의 하사품	85
개성 발가산의 임방	88
임진왜란의 행주대첩과 의주몽진	91
병자호란 때 식량과 물자를 나르다	95
패랭이의 기원	99
화성 축조에 동원되다	103
상인 단체의 자연 발생	105

4. 역사가 된 활약   111

병인양요에 참전하여 포상을 받다	114
경복궁 중건에 물력과 인력을 동원하다	119
민비의 피난을 돕고 호위하다	121
동학란 진압에 기여	125
독립협회 탄압	132

5. 신화 속의 영웅　　　　　　　　　137

백달원 전설의 기록　　　　　　　140
백초산은 백토산의 와전　　　　　145

나오는 말　　　　　　　　　　　152

주석　　　　　　　　　　　　　　155

참고문헌　　　　　　　　　　　167

1

전설과 역사를 찾아서

이 책에서는 최근 진전된 보부상 연구의 실증적 성과를 최대한 반영하고, 보부상에 관한 각종의 정보를 망라적으로 취합하고 발췌하여, 전설과 역사를 엄밀히 구분하는 접근법으로 보부상의 역사를 새롭게 해석한다. 현재까지 보부상에 관해 잘못 알려진 사항을 집중적으로 검토하고, 역사적 진실 또는 실체에 접근할 수 있도록 상세히 안내한다. 다시 말해, 보부상에 대한 오해를 바로잡고 진실에 다가가는 길잡이를 마련하고자 하는 것이다. 구전이나 전설 또는 추측·추론에 의지하지 않고, 오직 문헌·실증에 기반하여 보부상의 스토리를 재구성할 것이다.

　우리가 지금 알고 있는 보부상에 관한 지식 또는 상식은 어떻게 형성된 것일까? 각종 자료를 검토해 보면, 크게 세 가지 자료가 정보의 원천이었음을 알 수 있다. 첫째는 현재 각종 박물관에 수장收藏되어 있는 유물遺物과 전국 각지에 남아 있는 유적遺蹟이고, 둘째는 조선왕조실록을 비롯하여 당대인이 남긴 각종의 국가 기록이며, 셋째는 개항 이후 후대 사람들이 남긴 견문의 기록이나 역사가의 기술이다. 유물 중에는 보부상 당사자들이 당대에 조직을 운영하면서 남긴 기록물이 있는데, 이런 기록은 국가 기록과 마찬가지로 모두 문헌 자료로서 역사 서술의 근거가 된다. 반면에 후대 사람이 남긴 견문의 기록이나 역사학자의 서술 중에서는, 직접 보고 확인한 것은 역사로 자리매김할 수 있겠으나, 어디선가 흘러온 풍문 또는 전설, 즉 구전을 옮겨 적어 둔 것도 있어서, 그런 것은 역사라고 그대로 인정하기에는 근거가 박약하다.

현재까지 전승되고 있는 보부상의 역사가 과연 객관적인 문헌 근거에 기반한 온전한 역사인지, 아니면 흘러 흘러 내려온 전설에 기반한 상상의 산물인지에 대해서는 제대로 검증된 바가 없다. 전설은 한편으로 신화라고도 표현할 수 있으며, 전설과 역사의 구분은 문헌 근거가 확보되는지를 기준으로 한다. 어쩌면 현대 한국인이 믿고 싶어 하는 보부상의 형상이 전설과 결합하여, 그럴듯한 콘텐츠를 만들어 놓은 것일 수도 있다. 이렇게 전설에 의존하고 상상의 나래를 펼칠 수밖에 없는, 다시 말해 무책임한 언설이 세간에 떠돌 수밖에 없는 이유는, 조선시대의 상인에 관한 기록이 그리 충분하지 않다는 근본적 제약 때문이다.

사농공상士農工商의 사민四民이 영위한 직업 중에서 유독 말업末業으로 치부되었던 상업商業 분야에서는 상인이 자신의 기록을 굳이 남겨서 전할 필요도 여유도 없었으리라는 점에서 양반 등 지배 계층의 행태와 차이가 있다. 현존하는 일기류의 자료만 보더라도 절

대다수가 양반의 기록물이고, 상인 계층이 남긴 것은 지극히 일부의 예외에 불과하다. 또한 어떤 상인이든지 거대한 재부財富를 축적하거나, 그 정도까지는 아니더라도 상시적으로 관리해야 할 만한 재산 또는 현금의 출입이 있지 않은 이상, 장부의 기입과 관리가 요구되었던 것은 아니다. 또한 하루 벌어 하루 먹는 하층민의 처지에서라면 글을 쓰고 읽는 능력이 반드시 요구되지도 않았으리라는 추론도 가능하다.

그러한 이유로 인하여, 개성開城에 있었다는 사개치부四介置簿도 전국적으로 모든 상인 계층에게 널리 퍼져나가 활용되기에 이르지는 못했다. 또한 희대의 상인으로 알려진 임상옥林尙沃(1779~1855) 같은 인물과 관련해서도, 그의 문집이나 전기傳記는 알려져 있으나, 상거래에 관한 기록은 전혀 전해지지 않고 있다. 제주의 여상女商 김만덕金萬德(1739~1812) 역시 묘비와 전기는 전해지고 있지만, 그가 직접 남긴 기록에 대해서는 알려진 바가 없다. 하물며 장돌뱅이 신세의 하층 상인이라면 더 말할 것도 없었다고 하겠다.

따라서 조선시대의 상인이 어떤 인물들이었고, 그들이 영위한 상업이 구체적으로 어떠하였는지를 역사 연구의 대상으로서 탐구하기 위해서는, 우리가 알고 있는 상인의 실체를 명확히 식별할 필요가 있다. 실체를 식별한다는 것은 어디까지가 전설이고, 어디부터

가 역사인지를 확인하는 작업이라고 할 수 있다. 또한 어떤 이야기가 전설이라고 한다면, 그러한 전설이 어떤 식으로 형성되고 전승되어 지금에 이르게 되었는가를 추적할 필요도 있다.

책의 서두에서 이런 이야기를 하는 이유는, 보부상에 관한 각종 주장의 근거 자료로 활용되는 후대 사람의 기록에서 명확한 출처나 근거를 찾아보기가 쉽지 않은 경우가 많기 때문이다. 낭설까지는 아니더라도, 불분명한 주장이 확대 재생산된다거나, 오류를 품은 채 전승되는 사례가 적지 않다는 점은 어디선가 누구에게서 반드시 지적될 가능성이 있음을 말해주는 것이며, 이 책에서는 그러한 기회를 찾아서 조사와 추적을 하고, 신뢰할 만한 정보를 확인하여 덧붙이거나 바로잡고자 한다.

전설은 어디서 찾을 수 있나

그렇다면 어떤 글에서 전설의 흔적을 찾을 수 있을까? 조선시대의 상인에 관한 전설이 구전의 형태로 누누이 이어져 왔다면, 조선시대에 작성된 문헌에서도 관련 기록을 찾을 수 있어야 할 것이다. 하지만, 장돌뱅이 또는 보부상과 관련된 당대의 기록을 찾아보기는 쉽지 않다. 반면에 20세기에 들어 일본인 또는 때로는 조선인에 의해 보부상을 주제로 하는 기록이 양산되기 시작한 것으로 확인된다. 현재까지 확인된 자료를 시간순으로 나열하여 정리하면 다음과 같다.

1901년에 동경당서점東京堂書店에서 출판된 『한반도韓半島』는 시노부 준페이信夫淳平가 쓴 책인데,[1] 제2장 「경성京城」에 들어 있는 '보부상褓負商', '보부상과 만민공동회褓負商と万民公同會', '인화문 앞의 혈전仁化門前の血戰', '돈례문 밖의 친유敦禮門外の御親諭', '독립관 및 독립문獨立館及び獨立門' 등의 글이 모두 보부상에 관계된 것이다.

1907년에 발행된 「부보상단진상負褓商團眞相」이라는 문건은 당시 경시警視였던 와타나베 타카지로渡邊鷹次郎가 조사

1. 전설과 역사를 찾아서   17

하고, 일호천소日戶天嘯[2]가 기술한 것을 진흥회사進興會社의 이규항李圭恒 사장이 교열한 것이다.

1910년에 다케다 한시[武田範之]가 저술한 『홍주유적洪疇遺蹟』에 「부보상고負褓商考」와 「부보상에 대한 사견[負褓商ニ對スル私見]」이라는 글이 포함되어 있다.

1931년에 계명사鷄鳴社에서 출판된 기구치 겐죠[菊地謙讓]의 『조선잡기朝鮮雜記』를 보면, 「부보상과 좌사우사[負褓商と左社右社]라는 글이 수록되어 있다.

1937년에 조선총독부에서 발간한 잡지인 『조선朝鮮』제271호를 보면, 이능화李能和가 쓴 「조선의 부보상과 그 변천[朝鮮の負·袱商とその變遷]」이라는 글이 수록되어 있다.

1947년에 명성사明星社에서 출판된 차상찬車相瓚의 『조선사외사朝鮮史外史』를 보면, 「조선朝鮮의 부보상負褓商」이라는 글이 수록되어 있다.

1948년에 정음사正音社에서 출판된 유자후柳子厚의 『조선보부상고朝鮮褓負商攷』는 보부상을 단독으로 다룬 대표적 단행본이다.

1969년에 신태양사新太陽社에서 출판된 이규태李圭泰의 『개화백경開化百景』을 보면, 「부보상負褓商」이라는 글이 수록되어 있다.

  이들 자료에서 기술된 내용 중에는 역사적 사실이라고 믿을 수 있는 것도 있지만 그렇지 않은 것도 많은 것으로 보인다. 여러 가지 사실 관계의 나열이나 평가 등이 이루어진 경우, 그 근거를 제시하는 경우를 찾아보기가 쉽지 않기 때문이다. 그러다 보니 저자 스스로가 명확한 자신을 가지지 못하는 경우도 확인된다. 여기에서는 우선 보부상의 조직이 해마다 두 차례 거두어들인 것으로 알려져 있는 춘수전春收錢과 추보전秋補錢의 일례를 살펴보자. 유자후가 『조선보부상고』에서 춘수전과 추보전에 대해 소개한 내용을 요약하면 다음과 같다.

보부상이 등짐장사나 봇짐장사를 나갈 때에는 소속 임방

任房에 춘수전과 추보전을 바쳤다. 춘수전은 봄에 바치는 돈이고, 추보전은 가을에 바치는 돈으로, 춘수전은 춘수전 장부에 기입하고, 추보전은 추보전 장부에 기입하여, 임방에 상시 비치하였다. 춘수전과 추보전은 태조 이성계가 내린 여덟 글자 칙교勅敎인 공문장정公文章程, 즉 "병즉구료病則救療 사즉감장死則堪葬"에 의하여 구분한 것이다. 병이 낫는 것을 회춘이라 하므로, 봄에 받아 둔 돈으로 보부상이 병이 있을 때 구료비로 충당하면 회춘할 수 있다는 뜻으로 춘수전이라 하였고, 추일고성秋日告成이나 추즉대사秋則代謝라는 말이 있듯이 보부상이 죽으면 장례 비용 지출에 사용하는 돈을 추보전이라 하였다. 또한 사람의 나이를 따질 때에 춘추春秋라고 한 용어도 고려하여 쓰였으며, 또는 봄은 생생生生의 이치와 발양發揚의 기운이 있으므로 병이 있을 때에는 춘수전으로 약을 써서 회생하게 하자는 뜻과, 가을은 숙살肅殺의 기운과 수렴收斂의 이치가 있으므로 주검을 의미하여 추보전으로 감장堪葬한다는 뜻으로, 구별된 명칭이었다.

이렇게 애써 소개하고 나서도, 유자후는 "춘수전과 추보전을 받던 예전의 관례는 분명하지 않다."라고 하였으며,[3] 그가 제시한 사례는 조선 말기인 1899년의 관행이라고 하였다. 다음과 같이 소개하면서도 그것마저도 근거가 되는 출처를 밝히지는 않았다. 즉, 해방 이후에 저술된 보부상에 관련된 종합적 정보를 담은 대표적 단행본에서도 이런 저런 이야기가 있다고 전하고는 있으나, 근거를 제시하지는 못한 것이다.

> 대개 대보부상大褓負商의 사기선砂器船, 또는 재수품載手品, 재마품載馬品이 30냥에서 50냥이었고(백동화와 엽전을 교차해서 썼음), 소보부상小褓負商은 5냥이 최고, 5돈이 최저로서, 봄이면 춘수전, 가을이면 추보전의 명목으로 임방에 거두어들이고, 임방의 도장을 날인한 자문尺文(즉, 영수증)을 발급하였다.

그렇다면 우리는 유자후가 소개한 춘수전과 추보전에 대해 어떻게 이해해야 할까? 그가 소개한 춘수전과 추보전은 역사적으로 공인될 만한 제도였을까? 이를 확인하기 위해서는 최소한 다음 세 가지 중의 한 가지가 확보될 필요가 있다. 첫째는 유자후가 언급한 '장부'이다. 춘수전이나 추보전의 납입 내역이나 그것을 활용한 지출 내역 등이 기재된 장부가 현존한다면, 춘수전과 추보전의 제도를 직접적으로 확인할 수 있다. 둘째는 춘수전이나 추보전을 납부한 상인에게 발급되었다는 '자문尺文'이다. 자문은 상인 단체뿐만 아니라 관부에서도 발급된 것이었으므로, 현존하는 자문 중에서 보부상의 단체가 출시出市하는 소속 상인에게 발급한 자문이 확인될 필요가 있는 것이다. 셋째는 춘수전이나 추보전에 관한 내용이 기록된 상인 단체의 규정 또는 내규이다. 실제로 춘수전이나 추보전의 납부와 관련된 장부나 문서가 없다고 하더라도 관련 규정이 확인된다면, 어느 정도 관행의 존재를 짐작할 수 있기 때문이다.

그런데, 현재까지 확인된 각종 문헌 중에는 위의 세 가지 중에서 어느 것도 찾을 수 없다.[4] 유자후가 관행을 소개한 1899년은 상무사商務社가 설립된 해인데, 당시 공포된 『상무사장정商務社章程』이나 이후 1901년에 추가된 『상무사장정부칙商務社章程附則』에도 춘수전이나 추보전에 관해서는 규정되어 있지 않다. 대신에 『상무사장정』에서는 '빙표憑票'를 만들어 나눠주도록 하였으며, 비용은 한 장에 엽전 1냥이었다. 해마다 초봄에 예전 것을 거두어서 새것으로 바꾸어 주었다고 하는데,[5] 억지로 맞추자면 이는 춘수전과 연결될 수 있는 내용이라고 볼 수도 있다. 하지만 추보전과 연결되기는 어렵다. 그런데 『상무사장정부칙』에서는 '상표商票'를 나누어 준 결과 고치기 어려운 폐단이 거듭 생겨났다고 하면서 그마저도 폐지하도록 하였다.[6]

상황이 이러한데도, 『표준국어대사전』은 춘수전을 "조선시대에, 상무사商務社에서 보부상들로부터 봄에 걷던 돈. 병을 고치는 데에 썼다."라고 설명하고, 추보전을 "조선시대에, 상무사에서 보부상으로부터 가을에 걷던 돈. 장례를 치르는 데에 썼다."라고 설명한다. 아마도 유자후의 견해를 인용하여 그렇게 해설한 것으로 보이는데, 뭔가 근거가 박약하다고 하지 않을 수 없다.

그렇다면 우리는 이를 어떻게 받아들여야 할까? 춘수전과 추보전은 전설인가, 역사인가? 또한 춘수전·추수전이라고 하지 않고, 춘수전·추보전이라고 하여 수收와 보補로 구별한 까닭은 무엇일까? 봄·가을의 납부는 대등한 것인가, 아니면 봄의 납부가 기본이고, 가을의 납부는 보조적인가? 각종 자료의 명단에서 보이는 수전공원收錢公員이라는 직책과는 어떻게 관련되는 것일까? 이러한 여러 가지 의문에 답하기는 어렵다. 하지만 이렇게 의문을 제기하는 데서 전설과 역사를 구분 짓고자 하는 이 책의 여정이 시작된다.

2

보상과 부상

장돌뱅이 또는 장돌림이라는 표현은 전통시대의 하층 상인을 가리키는 전형적인 표현이다. 이른바 오일장을 돌아다니며 장사를 한다고 해서 그렇게 부르는 것인데, 일종의 순회상인 또는 이동상인에 해당한다. 혹자는 "둘하 노피곰 도드샤"로 시작하는 백제의 정읍사井邑詞에 등장하는 인물을 장돌뱅이의 고대적 존재 양상으로 평가하곤 하는데, 이는 "져재 녀러신고요"라는 내용을 근거로 한 것이라서 행상이라고 볼 수 있다는 것이다.

　하지만 이 자가 행상이라고 하더라도 장과 장을 오가는 사람이었는지는 분명히 말하기 어려우며, 설혹 장과 장을 오가는 사람이었다고 하더라도 이런 상인이 얼마나 일반적인 사례였는지에 대해서는 알 수가 없다. 역사적으로 장과 장을 오가는 장돌뱅이가 하층 물류를 담당한 핵심적 계층이 된 것은 역시 오일장 체제가 형성된 이후라고 하겠다. 오일장은 일종의 정기시장인데, 전국적인 정기시장의 네트워크인 장시망이 갖추어져 확립된 것은 17~18세기였으며, 19~20세기까지 지속되었다.

　사실 장돌뱅이, 행상, 보상, 부상 등을 혼용하는 것 자체가 하나의 전설이자 신화라고 할 수 있다. 이 책에서는 서술의 편의를 위해 보부상으로 통칭하기도 하겠지만, 그것은 어디까지나 20세기에 형성된 하나의 새로운 전설로서의 개념에 해당하는 것이라는 점에 유의하여 읽어 나갈 필요가 있음을 미리 밝혀 둔다.

보부상이란?

보부상이란 무엇인가? 세간에서는 보부상을 한국의 전통 상인 또는 한국 전통 행상의 대명사 또는 대표 격으로 이해하고 있는 경우가 많다. 하지만 이는 엄밀한 정의라고 하기 어렵다. 보부상이라는 말은 조선시대에 사용된 단어가 아니며, 보상褓商과 부상負商을 통칭하는 것으로서, 후대인 19세기 후반부터 생겨난 개념이기 때문이다. 심지어 보상이나 부상이라는 각각의 용어도 조선시대에 일반적으로 사용된 것이 아니다. 그러한 사실은 어렵지 않게 알아볼 수 있다. 예컨대, 누구나 쉽게 사용할 수 있는 조선왕조실록 데이터베이스를 통해 다음과 같이 확인해 볼 수 있다.[7]

조선왕조실록 데이터베이스에서 '보부상'이라는 키워드를 한글로 입력하면, '국역' 및 '원문'에서 각각 21건이 검색된다. 우선 '원문'의 21건을 보면, 그중에서 대부분인 15건은 한자가 '보부상褓負商'이 아니므로 원하는 검색 결과에 해당되지 않는다. 나머지 6건만 실제로 보부상에 관계된 것인데, 모두 『고종실록高宗實錄』의 기사이며,[8] 가장 이른 것이 1882년의 것이다.[9] 그런데 그것도 자세히 들여다보면, 제목이 "보부상들을 향리로 보내어 본업에 종사하게 하다."라고 되어 있지만 실제로는 '보부상'에 관한 기사가 아니고 '부상負商'에 관한 것이다.

'보부상褓負商'이라는 정확한 키워드가 기재된 『고종실록』 상의 기사는 단 2건에 불과한데, 하나는 내무아문에서 1895년에 각 도에 내린 훈시 중에 다음과 같은 네 가지 조목이고,[10] 다른 하나는 1898년에 농상공부 대신 김명규가 올린 상소 중의 일부에서 보인다.[11]

> 제28조 좌상坐商이나 보부상褓負商을 일체 금지시킬 것.
> 제29조 보부상이 부인을 빼앗거나 무덤을 파내는 것과 같은 여러 가지 폐습을 일체 엄금할 것.
> 제30조 보부상 등이 다른 상인에게 부의賻儀를 억지로 빼앗는 폐단을 일체 엄금할 것.
> (중략)
> 제45조 보부상 등과 같은 무리들이 향촌에서 밥을 억지로 빼앗는 폐단을 일체 금지시킬 것.[12]

즉, 조선왕조실록 데이터베이스의 '원문'에서는 '보부상'이라는 용례가 극히 제한적으로 확인되고 있으며, 이들 2건은 '국역'에서도 그대로 확인된다. '국역'의 21건은 모두 '보부상'이라는 의미에 부합하는 검색 결과이지만, 원문에는 '보부상褓負商'이라고 명시되어 있지 않은 경우가 많다. 그 이유는 번역자가 임의로 '보부상'이라고 옮겼을 뿐인 경우가 많기 때문이다. 21건의 검색 결과는 『연산군일기』의 2건, 『고종실록』의 19건이며, 각각 원문과 대조해 보면 다음과 같이 확인된다.

1501년(연산 7) 10월 9일: 같은 고을의 보부상 ← 同府接
1502년(연산 8) 3월 12일: 담양 보부상, 함양 보부상
　　　　　　　　　　　　　　　　← 潭陽接, 咸陽接
1882년(고종 19) 6월 12일: 보부상들의 문제를 가지고
　　　　　　　　　　　　　　　　← 以負商事
1882년(고종 19) 7월 25일: 보부상들은 ← 負商
1883년(고종 20) 6월 15일: 보부상들이 ← 負商輩
1883년(고종 20) 8월 1일: 보부상들이 ← 負商褓商
1883년(고종 20) 8월 19일: 보부상들을 ← 負商褓商
1895년(고종 32) 2월 19일: 보부상 소임을 ← 負褓商所任
1895년(고종 32) 3월 4일: 보부상들의 ← 負褓商의
1895년(고종 32) 3월 10일: 보부상 ← 褓負商
1898년(고종 35) 11월 24일: 저 보부상들이 ← 褓負商

1898년(고종 35) 11월 26일: 보부상들에게 하유한

← 諭負商

1898년(고종 35) 12월 6일: 이미 폐지한 보부상을

← 旣廢負商

1898년(고종 35) 12월 8일: 보부상과 상민은　← 負商之與商民

1898년(고종 35) 12월 15일: 보부상의 폐단　← 負商之弊

1898년(고종 35) 12월 24일: 보부상을 혁파하라는

← 負商革罷之

1898년(고종 35) 12월 25일: 보부상에 가탁하는 ← 藉託負商

1899년(고종 36) 11월 5일: 보부상을 없애고　← 罷負商

1900년(고종 37) 1월 7일: 보부상을 신칙할 것 ← 飭負商

1900년(고종 37) 4월 20일: 보부상의 폐단　← 負商之弊

1900년(고종 37) 11월 3일: 보부상에게서 거두어들이는

← 負褓商之所收

『연산군일기』의 2건은 원문에 '접接'이라고 되어 있는 것을 번역자가 임의로 '보부상'으로 옮긴 것이므로, 엄밀히 말하자면 보부상에 관계된 기사라고 하기 어려우며, 만약 보부상이라고 하더라도 보상인지 부상인지 분명히 알 수도 없다. 그렇다면『고종실록』보다

앞선 시기의 실록에는 보부상 관련 기사가 전혀 확인되지 않는 셈이다.[13] 『고종실록』의 19건에서 번역자가 '보부상'으로 옮긴 것에 대해 원문을 확인해 보면, 부상負商이 12건, 부상·보상負商褓商이 2건, 부보상負褓商이 3건, 보부상褓負商이 2건이다. 이를 통해 몇 가지 사실을 확인할 수 있다.

우선, 보상과 부상을 통칭하여 보부상 또는 부보상이라고 표현한 경우는 조선왕조실록 전체를 통틀어 5건에 불과하다. 또한 그렇게 통칭하는 표현은 갑오개혁 이후인 1895년부터 등장하며, 그전에는 부상 또는 부상·보상으로, 부상과 보상을 각기 구분하여 불렀다. 또한 부상과 보상 중에서 보상만을 지칭한 사례는 전혀 없고, 부상만을 가리킨 사례가 압도적 다수이다. 이는 실제 상거래에서 보상보다 부상이 더 많은 수를 차지하였기 때문이라기보다, 부상이 완력을 행사하는 등 폐해의 근원인 사례가 많았기 때문에 이를 금단하는 등의 정부 측 조치가 관찬 사료에 상대적으로 빈번하게 기재되었기 때문일 것이다.

그리고, 1883년의 경우처럼 부상과 보상을 나열한 경우가 있는데, 그때마다 보상·부상이라고 하지 않고, 부상·보상이라고 하여, 부상을 먼저 표기하고 있다는 점이다. 이는 정부 측에서 부상을 보상보다 우선적인 고려의 대상으로 삼았을 가능성이 있음을 시사한다.

양자를 통칭하는 사례는 1895년부터 등장하지만, 3월 4일에는 부보상, 3월 10일에는 보부상이라고 하는 등 어느 한쪽이 훨씬 먼저 사용된 표현이라거나, 어느 한쪽이 압도적 다수의 빈도를 보인다거나 하는 현상은 관찰되지 않는다. 또한, 이미 1895년이나 1898년의 실록에서 정부 측이 보부상이라고 표기했다는 점에서, "태조 이성계가 하사한 부보상이라는 고유의 명칭을 식민지 시기에 조선총독부가 말살하고자 보부상으로 개칭하도록 했다."라는 일부의 주장은 황당지설荒唐之說에 다름 아니다.

위와 같은 이해에 따르면, 조선시대의 '보부상'에 대해서 논하는 것은 타당한 연구 과제라고 하기 어렵다. 애초에 보부상이라는 말 자체가 없었으니, 보상과 부상을 각기 별도로 탐구해야 적절할 것이기 때문이다. 한 마디로, '보부상'이라는 용어 자체가 후대에 '만들어진 전설'인 것이며, 일본인이든 한국인이든 역사가의 조어造語일 수도 있다. 보부양상褓負兩商이나 부상보상負商褓商과 같은 용어를 참고하여 하나로 통칭하기 위한 편의를 위해 만들어낸 결과물이 '보부상'일 가능성이 높은 것이다.

운반 방식에 따른 구분

그렇다면 한국 전통사회의 행상을 보상과 부상으로 구분하는 기준은 무엇이었을까? 이는 보상과 부상의 엄밀한 개념을 정의하는 것과 관련되므로, 반드시 짚고 넘어가야 할 문제이다. 가장 일반적으로 이해되는 보상과 부상의 구분 기준은 운반 방식의 차이다. 이는 보상과 부상이라는 자의字義 또는 어의語義와 직결되는 것이다. 보상은 한자로 '보상褓商'이라고 하는데, 과거에는 '보상袱商'이라고 쓰는 경우가 많았다. 보褓는 포대기, 보袱는 보자기라는 뜻인데, 둘 다 보자기(보)를 가리킨다.[14] 그렇기 때문에 보상이라고 하면 봇짐장사를 하는 봇짐장수를 가리킨다. 부상은 한자로 '부상負商'이라고 하며, 부負가 '등에 짊어진다'라는 뜻이므로, 부상은 등짐장사를 하는 등짐장수를 가리킨다. 이러한 구분에 더하여 부상에게서만 확인되는 한 가지 특징은 등에 짐을 짊어지기 위해 지게를 사용하였다는 점이다.[15]

다케다 한시도 보상에 대해서 "'보'는 보자기이고, 포목, 즉 마직물과 의복류 등을 주요 판매품으로 한다."라고 하였고, 부상에 대해서는 "'부'는 어깨에 짐을 지는 것으로, 짐을 지기 위한 특수한 도구가 있고, 그리고 도기류(사기沙器라고 한다), 신발(혜鞋라고 한다) 등 보자기에 싸기 불편한 화물을 주요 품목으로 한다."라고 하였다.[16]

취급 상품에 따른 구분

다음으로 생각해 볼 수 있는 보상과 부상의 구분 기준은 취급 상품의 차이이다. 현존하는 보부상 관련의 여러 기록에서 보상과 부상을 각기 구별하여 취급 상품의 목록을 나열해 둔 사례를 어렵지 않게 찾을 수 있다. 그런데 이런 기록은 19세기로 소급하는 경우가 드물고, 대개는 20세기 자료이다. 왜냐하면, 19세기에는 보상과 부상의 구분이 명확했고, 양자를 통합하여 관리하거나, 양자가 함께 단체를 구성한 사례가 거의 없었기 때문이다. 보상과 부상을 한꺼번에 묶어서 관할하게 되면서, 구분의 필요가 생겨났다고 보아야 하겠다.

1899년은 상무사가 창설된 해로서, 그러한 통합 관리가 본격적으로 제도화된 시기라고 할 수 있다. 이 해에 작성된 「평안북도사규칙 平安北道社規則」에는 보상과 부상의 취급 품목에 대해서 다음과 같이 구별해 두고 있다.[17]

좌·우사 (소속) 물종物種 건

좌사 물종

생선[魚], 소금[鹽], 미역[藿], 무쇠[生水鐵], 토기土器, 목물木物, 담배

[南草], 누룩[曲子], 죽물[竹物], 삿자리[蘆席], 우마바리[牛馬駄], 선재물[船載物], 청마[靑麻] 등 물건

우사 물종

베[布], 금[帛], 백[錦], 능[綾], 종이[紙物], 주물[紬物], 모시[苧屬], 금[金], 은[銀], 동[銅], 인삼[蔘], 담비[貂], 수달[獺], 면화[綿花], 가죽[皮革] 등 물건[18]

이러한 물종의 구분이 선언적인 것이 아니라 독점권의 보장이었음은 「평안북도사규칙」의 제41조에서 "상민이 좌·우사의 물종 중 현행 매매 시에 혹 원통하고 억울함이 있으면 5일 이내에 해당 지사 공장公掌에게 호소하고, 혹시 청리聽理함이 기한을 넘기면 오로지 분사무장에게 넘겨서 일절 상관하지 말 것이다."라고 한 것을 통해 알 수 있다.

그 밖에도 현존 자료 중에서는 유독 1908년에 보상과 부상의 물종을 구분해 둔 사례가 많이 보인다. 모든 사례에서 구분이 일치하는 것은 아니지만, 큰 차이는 보이지 않는 것으로 확인된다. 예컨대, 1908년의 『제국실업회상무과세칙』에서는 좌상과 우상의 물종을 구분하고, 또 어떤 장수가 각각 좌상과 우상에 해당되는지를 나열하였다.[19]

좌상左商 **물종**

물고기[魚], 소금[鹽], 미역[藿], 무쇠[生水鐵], 토기土器, 목물木物, 담배[南草], 누룩[曲子], 죽물竹物, 삿자리[蘆席], 꿀[淸蜜], 우마바리[牛馬駄], 선재물船載物, 청마靑麻 등 물건

우상右商 **물종**

삼베[布], 금帛, 백금錦, 능綾, 종이[紙物], 주물紬物, 모시[苧屬], 금金, 은銀, 동銅, 인삼[蔘], 담비가죽[貂], 수달가죽[獺], 면화綿花, 가죽[皮革] 등 물건

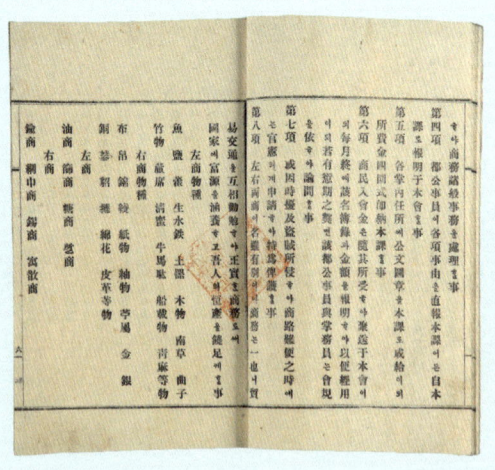

그림 1
『제국실업회상무과세칙』의 일부, 국립부여박물관 소장

좌상

기름장수, 체장수, 엿장수, 솔장수

우상

유기장수, 망건장수, 주석장수, 우산장수

『상무협회규칙』 역시 1908년에 작성된 것으로 추정되며, 마찬가지로 좌상과 우상의 취급 물종을 다음과 같이 구분하여 나열하였다.[20] 열거한 방식은 조금 차이가 있지만, 좌상·우상의 취급 물종에 대한 순서 및 내역이 『제국실업회상무과세칙』과 동일하다.

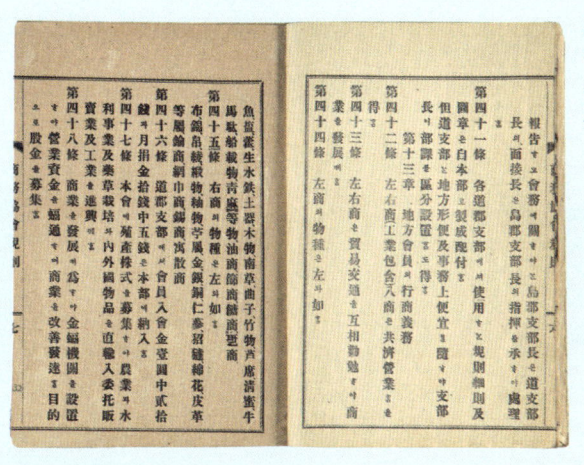

그림 2
『상무협회규칙』의 일부,
국립부여박물관 소장

제44조   좌상左商의 물종은 다음과 같음.

물고기[魚], 소금[塩], 미역[藿], 무쇠[生水鐵], 토기土器, 목물木物, 담배[南草], 누룩[曲子], 죽물竹物, 삿자리[芦席], 꿀[淸蜜], 우마바리[牛馬駄], 선재물船載物, 청마[靑麻] 등 물건, 기름장수, 채장수, 엿장수, 솔장수

제45조   우상右商의 물종은 다음과 같음.

삼베[布], 금帛, 백錦, 능綾, 단물緞物, 주물紬物, 모시[苧屬], 금金, 은銀, 동銅, 인삼仁蔘, 담비가죽[貂], 수달가죽[獺], 면화綿花, 가죽[皮革] 등 물건, 유기장수, 망건장수, 주석장수, 우산장수

역시 같은 해인 1908년의 『동아개진교육회상무과세칙東亞開進教育會商務細則』에서도 다음과 같이 좌단과 우단으로 물종이 구분되어 있어,[21] 이러한 구분이 당대에는 꽤나 보편적이었던 것으로 보인다.

좌우단 소속 물종건

좌단 물종

물고기[魚]·소금[鹽] 미역[藿] 무쇠[生水鐵] 토기土器 목물木物 담배

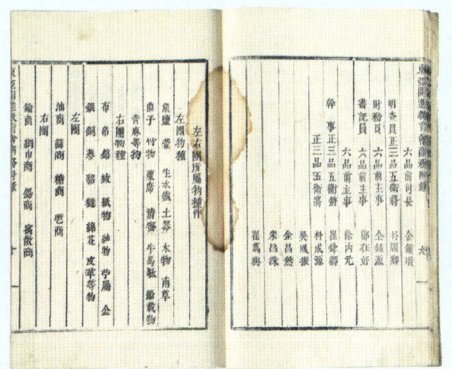

그림 3
『동아개진교육회상무과세칙』의 일부,
백제문화체험박물관 소장

[南草] 누룩[曲子] 죽물[竹物] 삿자리[蘆席] 꿀[淸蜜] 우마바리[牛馬駄] 선재물[船載物] 청마[靑麻] 등 물건

우단 물종

삼베[布] 백[帛] 금[錦] 능[綾] 종이[紙物] 주물[紬物] 모시[苧屬] 금金 은銀 동銅 인삼[蔘] 담비가죽[貂] 수달가죽[獺] 면화[綿花] 가죽[皮革] 등 물건

좌단

기름장수[油商] 체장수[篩商] 엿장수[糖商] 솔장수[㫆商]

우단

놋쇠장수[鍮商] 망건장수[網巾商] 주석장수[錫商] 우산장수[寓散商]

기술된 형식에서는 큰 차이가 있지만, 1908년의 『대동상무국장정』에서도 다음과 같이 좌사와 우사의 소관 물품이 구별되어 있다.[22]

좌우사 물품

1. 생선, 소금, 삿자리, 무쇠, 꿀, 토기, 담배, 누룩, 곡물 등은 좌사의 소관
1. 금, 은, 동, 쇠, 베, 비단류, 예복, 탕건, 갓, 건어, 미역, 대나무 등은 우사의 소관

우사 소관 물품

건어물 여러 종류

미역 여러 종류

대나무 여러 종류

생강 여러 종류

나무 여러 종류

과일 종류

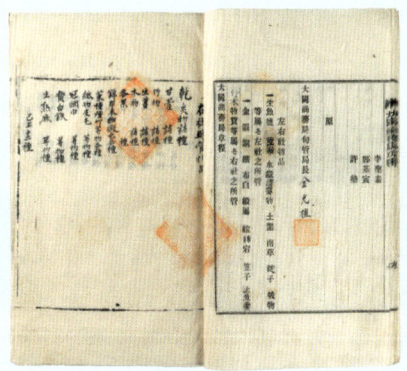

그림 4
『대동상무국장정』의 일부, 창녕박물관 소장

비단·삼베·무명·명주·비단 각종

채소·담뱃대 등 각종

종이·가죽·털 등 물종

갓·망건 등 물종

황백철 등 물종

생마·숙마 등 물종

이상 12종

좌사 물품

생선 등 물종

소금·콩·누룩 등 물종

2. 보상과 부상 43

무쇠 등 물종

담배 등 물종

누룩 등 물종

삿자리 등 물종

우마 짐바리 등 물종

석물 등 물종

꿀 등 물종

들깨·참깨·곡물 등의 종류

생면화·선박 등 물종

토물 등의 종류

이상 12종

  1904년에 상무사와 전국의 각 지사가 철폐된 이후로 전국 및 지역 단위로 여러 조직이 결성되었는데, 비록 서로 다른 조직이라고 하더라도 보상과 부상의 소관 물종에 대한 구분에 있어서는 1908년 기준으로 큰 차이를 보이지 않고 있는 것이다. 이러한 물종의 구분은 1908년에 새로 생겨난 것이 아님은 물론이며, 조선 후기 이래의 유제遺制가 그대로 반영되어 있는 것이라고 할 수 있겠다.

  그렇게 생각할 수 있는 근거로서, 유독 부상에 대해서 조선 초기

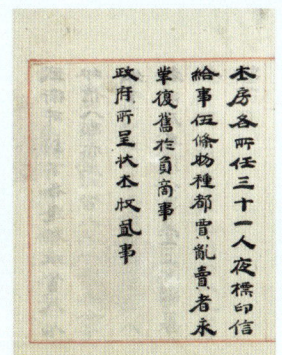

그림 5
「판하경기도도소사적」의 일부,
서울대학교 규장각한국학연구원 소장

이래의 고유한 취급 품목으로서 다섯 가지를 드는 경우가 많았다는 점을 들 수 있다. 다섯 가지 물종은 다름 아닌 물고기, 소금, 무쇠, 토기, 목물인데, 이른바 오조물종五條物種이라고 하는 것이다. 오조물종에 대해서는 여러 문헌에서 언급된 바 있다.

1881년의 「판하정식절목」에서는 오조물종이라고만 되어 있고,[23] 같은 해의 「판하신설임방사적」과 「판하경기도도소사적」에도 오조물종이라고만 되어 있으며,[24] 다섯 가지가 무엇인지에 대해서는 기술되어 있지 않다. 1881년의 「판하신설청금록」에는 다섯 가지 물종이 곧, 토기土器·목물木物·생선[魚]·소금[鹽]·무쇠[水鐵] 등이라고 하였으며,[25] 같은 해의 「판하팔도임방도소사적」에서는 토기土器·목기木器·사기沙器·어염魚鹽·무쇠[水鐵] 등이라고 했다.[26] 이들 자료만으로 본다면, 사기의 포함 여부 정도가 차이라고 할 수 있다.

하지만 1894년에 친군경리행진소親軍經理行陣所에서 발급한 「완문完文」에서 "태조께서 특별히 생각하고 보살피시어 부상負商 임방任房을 창설하고 물고기[魚]·소금[鹽]과 무쇠[水鐵]·토기土器·목물木物의 다섯 가지 물종[五條物種]을 부상청에 속하도록 하였다."라고 하면서, "물고기·소금·무쇠·토기·목물의 다섯 가지 물종은 전례前例에 의거하여 부속하"도록 하였으며,[27] 이와 동일한 내용이 같은 해에 홍산 수령이 발급한 「완문」에서도 확인되는 것으로 보아,[28] 오조물종이 물고기·소금·무쇠·토기·목물임은 분명하다.

앞에서와 같이 오조물종에 사기를 덧붙여둔 예외적 사례가 보이는 것처럼, 오조물종의 범주는 고정적인 것이 아니었고, 몇 가지가 더 추가되기도 했다. 예컨대, 1881년의 「충청비인임소청금록忠淸庇仁任所千金錄」을 보면, "여러 물종 중에서 토기土器·목물木物·물고기[魚]·소금[鹽]·선포구船浦口[29]·어망선魚網船·무쇠철점[水鐵鐵店]에 대한 도고의 폐단을 각 해당 관에서 일체 엄하게 금지한다."라고 하면서, 다시 "목물木物, 토물土物, 소금[塩]·염막塩幕·어망魚網·선포구船浦口·무쇠철점[水鐵鐵店]"을 열거해 두고 있다. 즉, 일반적인 오조물종에 더하여 선포구와 어망(선)이 더해져 있는 것이다. 하지만 사기나 선포구, 어망(선) 등이 추가되었다고 하더라도, 물고기·소금·무쇠·토기·

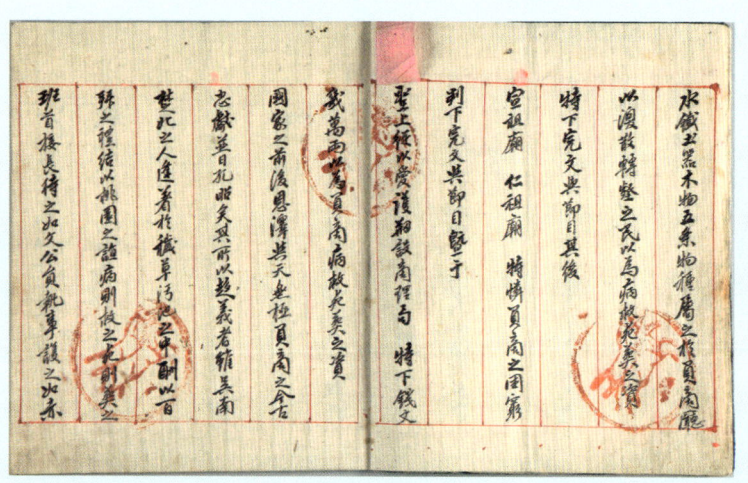

그림 6
친군경리행진소에서 발급한 「완문」의 일부, 국립부여박물관 소장

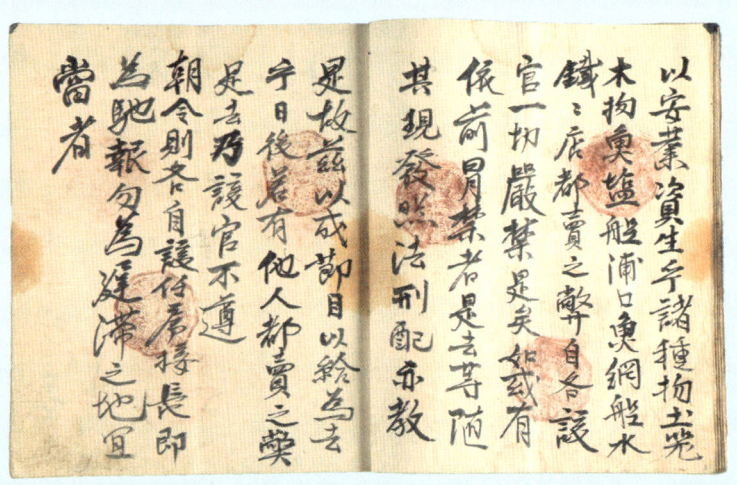

그림 7
「충청비인임소청금록」의 일부, 국립부여박물관 소장

목물 중의 어느 하나가 배제된다거나 대체되지는 않았다는 점에서, 오조물종의 고유성과 역사성은 인정할 수밖에 없을 것이다.

위의 「완문」에 기술된 내용을 그대로 믿을 수 있다면, 오조물종의 역사는 조선 초기까지 거슬러 올라가는 것이다. 또한 이들 물종은 보따리에 싸서 가지고 다니며 팔 수 있는 물건이 아니라, 지게에 짊어지고 다니며 팔 수밖에 없다는 점에서 역시 부상의 취급 물종이라고 할 수 있다. 이렇게 부상이 취급한 물종의 역사성이 꽤나 오래된 것이며, 이들 오조물종이 앞서 소개한 1899년 및 1908년의 각종 기록에서도 모두 부상의 품목으로 나열되어 있는 것이다. 그러므로 1908년의 각종 자료에서 구별한 보상과 부상의 취급 물종은 20세기 초의 것만이 아니라 19세기 이전까지 소급되는 것으로 볼 수 있다.

1908년 이후에 대해서도 그 유제가 여전히 지속되고 있었으며, 이는 1936년의 『동아상무조합정관東亞商務組合定款』에서 확인된다. 『동아상무조합정관』에서는 제53조에서 소관 물종을 다음과 같이 좌사와 우사로 구분하여 적었는데,[30] 물종의 수가 조금 줄어들었고, 오조물종이 좌사 소관이라는 전통적 구분이 더 이상 적용되지 않게 되었음이 확인된다. 생철生鐵, 즉 무쇠를 우사의 소관 물종으로 구분해 두고 있기 때문이다. 이러한 변화는 전통적인 보상과 부상의 취급 품목에 따른 구분이 식민지 시기에 들어서 일부 바뀌었음을 보여준다.

> **제53조** 좌사·우사, 8상 간의 소관 물종 매매는 다음과 같음.
>
> 1. 좌사: 토기, 목물, 생어生魚, 시우쇠[熟鐵], 꿀[生淸], 우마바리[牛馬駄], 선재물船載物, 면화綿花, 당타唐打, 초석草席
>
> 1. 우사: 금金, 은銀, 동銅, 무쇠[生鐵], 주단포목綢緞布木, 모물毛物, 모시[生苧], 건어乾魚, 종이[紙物]

그림 8
『동아상무조합정관』의 일부, 국립부여박물관 소장

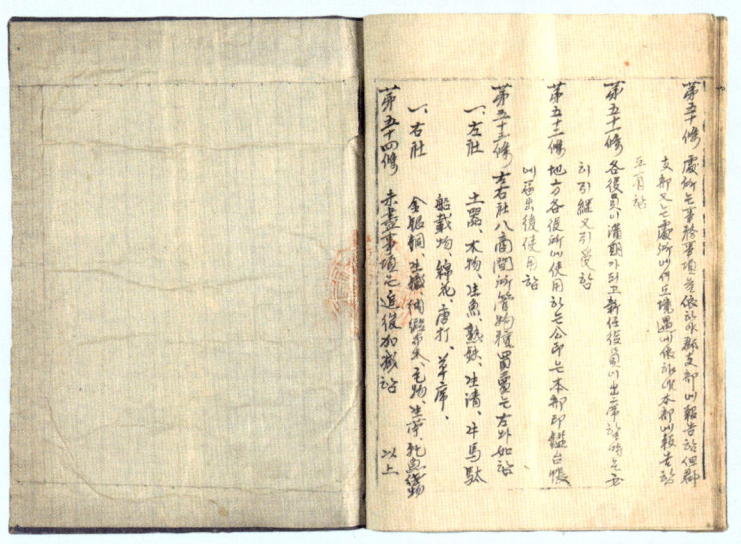

판매 방식에 따른 구분

 운반 방식과 취급 상품에 따라 보상과 부상을 구분하는 위와 같은 두 가지 기준은 일반적으로 어느 정도 알려져 있다. 하지만 다시 생각해 보아야 할 구분 기준 중의 하나가 있는데, 바로 판매 방식의 차이이다. 중국 고대부터 상인을 곧 상고商賈라고 하였는데, "돌아다니며 파는 것을 상商이라고 하고, 자리를 잡고 파는 것을 고賈라고 한다."[31]라는 표현을 통해, 상商이라는 글자 속에 이미 '돌아다닌다'라는 의미가 들어 있음을 알 수 있다. 조금 더 구체화된 표현으로 자주 쓰이는 용어로 바꾸어 보면, 돌아다니며 파는 것은 행상行商, 자리를 잡고 파는 것은 좌고坐賈이다.

 그런데 이렇게 단순화하여 이해하게 되면, 행상은 이동상인이고, 좌고는 정주상인이라는 도식 속에 갇히게 된다. 하지만 조선 후기 상업에 있어서, 좌고 역시 정주상인이 아닌 이동상인의 일종이었다. 이는 다음과 같은 유자후의 설명을 통해 알 수 있다.

> 1. 보상은 상품을 보자기에 싸서 들고 다니거나, 또는 질빵에 걸어지고 다니거나, 또는 비교적 큰 보상은 배로 운반하며, 부담마負擔馬로 실어 나르거나, 또는 보자기를 나누

어 가지고 다니면서, 시장에서 팔 때에는 시장에 앉아서 보자기 위에다가 상품을 벌여 놓고 앉아서 팔며, 시골집으로 돌아다닐 때에는 물건을 사는 집의 마루나 방에다가 상품을 내려놓고 앉아서 파는 장사이니, 즉, 좌고坐賈라는 것이다.

2. 부상은 상품을 지게에다가 반드시 지고 다니다가, 팔 때에는 시장에서나 사람의 집에서나 마당에다가 그 상품을 내려놓고 서서 파는 장사니, 즉, 입상立商이다. 이 부상도 비교적 큰 부상은 수운과 뭍짐으로 다량의 상품을 일시에 갖다가 두고, 수레를 나누어 돌아다니며 파는 경우가 있음은 보상과 다를 바 없다.[32]

유자후의 설명에서, 좌고가 행상에 대립되는 개념이 아니라, 행상의 일종이었음을 알 수 있는 것이다. 즉, 보상과 부상은 모두 행상이며, 보상은 좌고, 부상은 입상이었다. 그런데 이러한 기술에 대해서 근거가 되는 문헌이 제시된 것도 아니고, 보자기와 지게라는 운반 수단 외에는 특별한 구별 기준을 찾기도 어렵다. 다행스럽게도, 그와 관련하여 실증적 근거를 확보할 수 있는 당대의 문헌으로서, 원

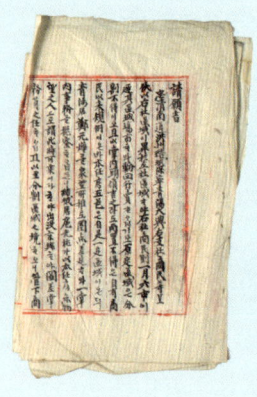

그림 9
원홍주육군 「청원서」의 일부, 백제문화체험박물관 소장

홍주육군 지역에 현존하는 1899년의 「청원서」를 찾을 수 있다.

「청원서」에 따르면, "우사右社의 구역은 좌사左社의 구역과 달라서, 우사의 상인은 한 달 동안 여섯 시장에 그 구역의 장시를 쫓아 돌아다니며 행상하므로"라고 하였는데,[33] 이는 보상이 장시를 순행하는 상인임을 분명히 전해주고 있다. 반면에 부상은 장의 개시에 얽매이는 것이 아니라 각지를 돌아다니며 판매한 것으로 볼 수 있다. 즉, 우사는 장을 도는 상인,[34] 좌사는 떠돌이 방문 판매 상인이었던 것이다. 다시 말해, 보상褓商은 좌고坐賈이며, 가가假家 등 건물을 보유한 정주상은 아니고, 장날에 좌판을 펼치는 상인이었다.

근거가 단 하나만 있는 것은 아니며, 몇 년 후에 다른 지역에서 작성된 문서에서도 유사한 표현이 보인다. 은산·홍산·비인·남포[恩鴻庇藍]의 상인들이 1903년에 올린 「소지所志」 및 그와 관련된 「전령傳令」에서도, 표면적으로는 "물건을 거래하여 재화를 유통시키는 자를 행상行商이라 하면서 이름을 우사右社라 하고, 물건을 옮기며 등에 짊어지는 자를 부상負商이라 하면서 좌사左社라 일컫"는다고 하였으나, 그 내실을 조사해 보았더니 "좌사는 오로지 행상으로 주를 이루니 길에서 물건을 거래하여 마을에서 돌아다니며 파는 사람들이요, 우사는 오로지 앉아서 파는 상인들로 주를 이루니 장시에서 물건을 내다 파는 사람들"이었다고 한다.[35]

장돌뱅이, 장돌림, 장꾼 등의 표현은 보상 및 부상 모두에게 공통적으로 적용될 수 있지만, 보상은 장을 위주로 활약한 상인이었던 반면, 부상은 반드시 그렇지만은 않았다. 따라서 장돌뱅이를 광의의 장돌뱅이와 협의의 장돌뱅이로 구분한다면, 광의의 장돌뱅이에는 보상과 부상이 모두 포괄되지만, 협의의 장돌뱅이에는 보상

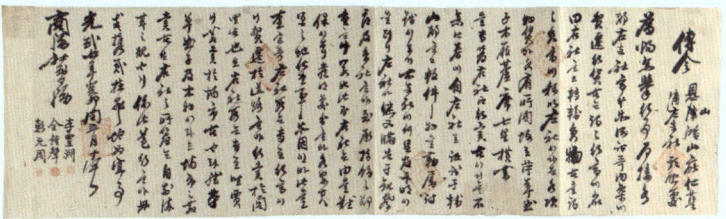

그림 10
은산·홍산·비인·남포의 「전령」, 국립부여박물관 소장

만 해당된다고 할 수 있다. 사전적 의미로 보상을 선길장수라고도 했다고 하는데, 실제로 선길에서 장사한 사람은 부상이었다. 강원도에서의 이른바 선질꾼도 역시 부상에 해당되는 것으로 이해할 수 있을 것이다.

단체 결성의 시기

그렇다면 보상과 부상 중에서 어느 쪽이 먼저 출현했고, 또 어느 쪽이 먼저 단체를 결성한 것일까? 보상과 부상이 나타나게 된 시기와 관련하여, 이능화는 다음과 같은 가설을 제기한 바 있다.

> 교통이 불편하고, 지방 시장도 없으며, 물론 돈이나 화폐도 없었고, 쌀과 천을 대용하여 물물교환을 하던 고대에, 인간 생활에 필요한 필수품, 즉 생선, 소금, 토기 등을 지게로 지고, 마을을 돌아다니며 행상했으리라는 점은 쉽게 상상할 수 있을 것이다. 그렇다면 고대에 지게를 사용한 시기가 바로 부상負商의 기원이라고 단정할 수 있다. 조선시대에 이르러 부상은 도자기 행상을 전문으로 하게 되었다. 북부 지방에는 면화가 생산되지 않아서, 이 지역의 부상은 해당 지역의 수산물을 지고 남부 지방으로 와서 면화와 교환하여 거래를 했다. 보상, 즉 시장을 돌아다니는 상인은 조선에 지방 시장이 설치된 이후에 생겨난 것으로 추정해야 한다.[36]

이능화의 가설에 따르면, 장돌림에 해당하는 보상은 장시 체계가 생겨나고 정착된 조선 후기에 들어서 발생한 것이고, 지게꾼에 해당하는 부상은 지게를 사용하기 시작한 고대부터 이미 전국을 돌아다녔다. 하지만 이러한 부상과 보상의 역사적 근원, 즉 발생 시기에 관한 가설을 보상의 단체나 부상의 단체가 성립한 시기의 선후 관계로 오해해서는 곤란하다. 현재까지 수행된 실증 연구의 성과에 따르면, 단체의 결성 사례는 보상의 경우에서 다수 확인되며, 부상의 사례는 상대적으로 소략하다. 또한 단체의 결성 시기 역시 보상이 부상보다 앞선 것으로 확인되며, 조직의 정비 및 운영도 보상의 단체가 더 잘 되어 있었다. 그 결과로써, 보상의 단체가 남긴 현존하는 기록이 훨씬 풍부하며, 부상의 단체가 남긴 기록은 그다지 많지 않다.

　단체의 명칭과 관련해서도, 흔히 보부상단이라고 부르곤 하지만, 그런 용어는 역사 속에 존재하지 않았다. 보상단이나 부상단이라고 할 수도 있겠지만, 역시 실제로 부여된 명칭은 아니다. 당시에 널리 쓰인 명칭으로서 보상이나 부상의 단체를 가리키는 것은 임방任房이었으며, 임소任所라고도 했다. 임방은 추상적 단체로만 존재한 것이 아니라, 물리적 공간도 가지고 있었으며, 그것이 주로 장시場市에 소재하였다는 점에 대해서는 이견을 찾기 어렵다. 그렇기 때문에 장시를 오갔던 보상의 경우에 임방의 설치와 운영이 더 잘 될 수 있었고, 다시 말해, 단체의 결성이나 기록의 전승이 더 원활했다고 볼 수 있다.

부상負商은 좌고가 아닌 협의의 행상行商, 즉 입상立商이며, 이들도 장을 돌기는 했으나, 반드시 장을 돌지만은 않았고, 각지의 방문 판매가 오히려 주가 되곤 했다. 그렇다면 그들에게 임방의 설치라는 개념은 사실상 성립이 불가하였을 것이며, 따라서 조직 구성이 쉽지 않았으리라 짐작할 수 있다. 장날에 장터에서 정기적으로 모여야 단체를 결성하거나 운영할 수 있었을 것이기 때문이다.

보상과 부상은 같은 상인이면서도 그 발생 요인의 측면에서 근본적으로 차별화되는 존재이며, 그렇기 때문에 해방 이후까지도 특정 지역에서 보상과 부상의 단체가 통합되지 않고 양립한 경우가 관찰되곤 한다. 또한 보상의 단체가 장기 존속한 사례가 다수인 반면에, 부상의 단체는 쉽게 소멸하곤 했다. 보상과 부상은 자연발생적으로 따로 성립한 것이고, 서로 무관하다는 점을 이해해야만 '보부상'이라는 용어가 가지는 의미를 정확히 알 수 있다.

바로 여기에서 전설과 역사의 구분도 시작된다. 뒤에서 소개하게 될 보부상의 전설은 주로 부상에 관한 것이 대부분이다. 부상은 단체도 없었고 기록도 없었지만, 그 전설은 조선왕조 오백 년에 걸쳐 있다. 행상의 프로토타입prototype은 부상이지만, 그 역사적 실체는 확인되지 않으며, 이는 그들의 조직이나 단체에 관한 문헌 근거를 찾기는 어렵기 때문이다. 반면에 그보다 훨씬 후대에 출현하고 단체를 결성한 보상의 문헌은 다수가 현존하고 있으며, 그로 인해 그들의 역사는 생생하게 살아 있게 되었다. 역사는 기록이기 때문이다.

좌우의 명명

장시의 발달과 보상의 출현이 밀접한 관련을 가진다면, 보상은 역시 잉여생산의 확보와 상품화폐 경제의 발전에 따라 발생한 것이라고 할 수 있을 것이다. 그와 관련하여 한 가지 더 살펴봐야 할 것은 보상을 우사右社, 우단右團, 우상右商 등으로, 부상을 좌사左社, 좌단左團, 좌상左商 등으로 부르게 된 계기에 관한 것이다. 이러한 좌우의 구분이 언제 어떻게 시작되었는지에 대해서는 시노부 준페이의 다음과 같은 설명을 참고할 수 있다.

> 보부청褓負廳의 시기에는 보부褓負라고 표현하였을 뿐 좌우左右의 개념은 없었다. 하지만 보부청을 상리국商理局으로 개편하면서, 좌우의 통령統領이 설치되었다. 보상은 우통령에, 부상은 좌통령에 속하게 되었고, 좌우의 통령은 각 상인을 총괄하고, 도총리都總理가 이를 감독하였으며, 총리가 보좌하였다. 이후 1884년 12월의 갑신정변 이후에 상리국은 혜상공국惠商公局으로 다시 개편되었다. 이것이 보부상의 연혁의 대략이다.[37]

시노부 준페이의 설명에서 혜상공국(1883)과 상리국(1885)의 순서가 뒤바뀌어 있다는 점은 치명적인 오류이다. 하지만 통령의 설치와 좌우 통령의 구분이 보상과 부상을 좌우로 구분하게 되었다는 사실은 받아들일 만하다.[38] 물론 다음과 같이 다케다 한시에 의한 조금 다른 설명도 있는데, 숙종 때까지 거슬러 올라간다는 것은 아무래도 믿기가 어렵다.

> 좌우 상사라는 명칭을 붙인 이유는 숙종 왕 때 교서(즉, 칙허)를 얻어 부상조합의 강원도 일부에서 시행된 것이 시작되었다. 그 조직의 규약은 어려운 곳에서 행상을 하는 부상들이 서로 돕고 질병을 도와주는 등 의리를 중시하며 믿음의 약속을 세웠다. 그 미풍양속은 순식간에 각 도로 퍼졌다.[39]

좌사는 부상, 우사는 보상인데, 이러한 구분에 대해서 혼란이 빚어지기도 했다. 예컨대, 다케다 한시가 "좌사는 금력을 자랑하고, 우사는 완력을 자랑하며, 시장에서의 논쟁은 어디서나 극심하게 벌어졌다."라고 한 것은[40] 아마도 착오에 따른 것이 아닌가 싶다. 왜냐하면, 이후의 각종 기록에서 좌사를 노동자, 우사를 자본가 계급에 대응시킬 정도로 그들 간의 위상 차이가 있었기 때문이다. 그와 관련해서는 기쿠치 겐죠의 설명을 읽어볼 만하다.

> 부상이 판매하는 상품은 많은 자본을 필요로 하지 않으므로 행상하기에 적합하고, 보상이 취급하는 상품은 값이 비싼 것들이 많아서 일정한 점포를 세워서 판매해야 하는 것이다. 이러한 상품의 구분으로 인해 부상은 행상인이지만, 보상은 좌고나 객주[問屋]로 진화하였다. 이러한 구분은 후대에 이르러 좌우의 두 단체로 나뉘었으며, 근대에 이르러 부상은 좌사로, 보상은 우사로 되었고, 마치 노동자는 좌사에, 자본가는 우사에 속하게 된 것과 같다.[41]

이러한 설명과 별도로 기쿠치 겐죠는 뒷부분에서 다시 다음과 같이 기술하였다.

> 지금으로부터 60여 년 전, 이 단체를 둘로 나누어 좌단을 부상으로, 우단을 보상으로 하고, 좌우의 두 날개로서 상무商務을 조직한 것은 매우 교묘한 조립組立이 아니었을까? 좌단을 노동자로, 우단을 자본가로 설정한 것은, 마치 근대의

좌익을 무산계급으로, 우익을 유산계급으로 설정한 것과 같은 방식이다.[42]

기쿠치 겐죠의 견해는 유자후에게 그대로 전승되어, 다음과 같이 발전되기에 이르렀다.

보우褓右·부좌負左로 구별한 것이니, 비교적 자본이 풍부한 보상을 우단이라 하고, 비교적 자본이 부족한 부상을 좌단이라 한 것은, 어찌 그리 현대에 우경·좌경이라 표현하는 것과 그리 흡사한지 모르겠다. 실로 보상은 나중에 대상부고로 진출하여 자본가 계급으로 향상된 이가 많았다.[43]

3

재생산된 전설

보부상에 관해 당대의 상인이나 관료 또는 후대의 역사가가 기술한 각종의 문헌을 보면, 이것이 과연 사실인지 아닌지에 대해 의문을 품게 하는 장면이 적지 않다. 왜냐하면, 전거典據를 밝히지 않고 기술된 경우가 대부분이기 때문이다. 여기에서는 전설이 재생산되어 신화가 되어버린 각종 사건의 현장을 다시 검토하여, 역사적 실체를 확인할 수 있는지를 되짚어 보고자 한다.

기자가 심게 한 버드나무

현존하는 각종 문헌에서 찾을 수 있는 보부상의 활약상은 고대古代로부터 시작되고 있다. 가장 먼저 등장하는 것은 기자조선箕子朝鮮 시기로, "부상을 시켜서 버드나무를 심게 했다."라는 것이다. 여러 가지 나무 중에서도 굳이 버드나무를 심게 한 것은 (사람들의) 강한 성질을 부드러운 성질로 바꾸었기 때문이라고 한다.

> 대저 부상負商에 관한 설은 어느 시대에 만들어졌는지 모르겠으나 옛 역사서를 섭렵하면 기자箕子 때 간략히 기록된 글에서는 "부상에게 버드나무[柳木]을 심게 하여 강성强性을 유성柔性으로 변화시켰다."라고 했고[44]

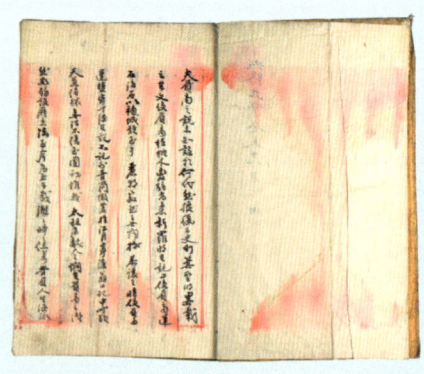

그림 11
「혜상공국서」의 일부, 국립부여박물관 소장

이 글의 출처는 「혜상공국서惠商公局序」이다. 버드나무를 심었다는 사실과 버드나무를 심은 이유뿐만 아니라 또 한 가지 주목할 만한 부분은 부상에 관한 이야기가 언제 어떻게 생성되었는지 「혜상공국서」를 쓴 사람 자신도 잘 알지 못했다는 점이다. 이는 곧 부상에 관한 설이 역사가 아닌 전설임을 어느 정도 스스로 인정하고 있는 셈이다.

또한 섭렵했다고 하는 '옛 역사서'가 어떤 책인지도 밝히지 않고 있다. 분명하지는 않으나, 여기서 말하는 '옛 역사서'는 아마도 홍만종洪萬鍾(1643~1725)의 『순오지旬五志』일 가능성이 있다. 『순오지』에 다음과 같은 기록이 있기 때문이다.

> 기자가 조선의 풍속이 억세고 사나운 것을 보고 백성들로 하여금 버드나무를 심게 하였다. 이것은 버드나무의 성질이 부드럽기 때문이다. 이 때문에 평양을 일명 '유경柳京'이라고 부른다.

그런데 이 기록에서는 '부상'이 심은 것이라고 명시되지 않았고, 대신에 '백성'이 심었다고 되어 있어서, 이 간략한 기록이 과연 '부상'의 것으로 특정될 수 있는지에 대해서는 의문이 남는다. 오히려

이 글만으로 본다면, 버드나무와 부상의 관계보다는 버드나무와 평양의 관계가 더 강조되고 있다.

또한 언급된 '옛 역사서'는 『순오지』가 아닐 가능성도 있다. 출처를 알 수 없는 어떤 특정의 역사서가 있었다고 상정할 수 있고, 그것에 의거하여 『순오지』나 「혜상공국서」의 관련 내용이 각각 별도로 작성되었을 수도 있기 때문이다.

돌을 나르고 성곽을 보수

기자조선 시기의 부상에 관한 이야기에 이어서, 「혜상공국서」는 다음과 같이 기록하였다. 신라에서 부상을 동원하여 돌을 나르게 하고, 무너진 성곽을 보수하도록 했다는 것이다. 그런데 이 내용이 과연 어느 정도 믿을 만한 이야기인지는 직접적으로 알 수가 없다. 언제 어떤 성곽을 보수하게끔 한 것인지를 확인할 수 있는 자료가 제시되어 있지 않기 때문이다.

> 신라 때 기록에서는 "부상에게 돌을 운반하게 하고 돌을 다듬어서 무너진 성곽을 보수했다."라고 했다.[45]

『삼국사기三國史記』나 『삼국유사三國遺事』에는 관련 기록이 보이지 않기 때문에, 여기서 말하는 '신라 때 기록'이 어떤 것인지를 확인하기는 어렵다.

영정포에서 소금을 운반

또한 「혜상공국서」에서는 다음과 같이 "고려 공양왕 때 부상이 영정포寧丁浦에서 소금을 운반했다."라는 사례를 인용하였으며, 강월정江月亭의 『담옹일기澹翁日記』를 근거로 제시하였다.[46] 다른 사례에서 대개 인용의 전거를 밝히지 않고 있음을 감안한다면, 어느 정도 믿을 만한 정보라고 생각될 수 있다. 하지만 강월정이 누구인지 알 수 없으며, 『담옹일기』라는 자료도 현존하지 않는다. 영정포 역시 어느 곳에 위치한 포구인지 분명하지 않다.

> 고려에 이르러 아무것도 들리는 바가 없었는데, 공양왕 때에 이르러 "부상에게 영정포에서 소금을 운반하게 하였다."라고 하였다. 그 설이 역사책에는 기록되지 않았고, 강월정의 『담옹일기』 중에 미약하게 저술되었으니 한탄스럽다. 천도가 순환하여 왕복하지 않음이 없는 것이다.[47]

이 인용문에서도 부상에 관한 이야기가 역사책에는 기록되지 않았다는 사실을 저자가 잘 알고 있었음이 드러나 있다. 역사서에 기록될 만한 대단한 이야깃거리가 아니었다면, 영정포에서 소금을 운반한 것이 특정한 사건과 관련된 것인지, 아니면 일상적 행위가 그 때부터 시작된 것을 가리키는지가 불분명하다고 볼 수 있다.

하지만 여기에서 한 가지 눈여겨보아야 할 점은 부상이 운반한 물품이 소금이었다는 사실이다. 앞에서 소개한 바와 같이 소금은 부상이 취급한 대표적 물종으로서, 오조물종 중의 하나에 해당한다. 만약 이 기술이 사실이라면, 앞서 소개한 버드나무를 심거나 돌을 운반한 사례와 달리 부상의 동원이 단순한 부역의 일환이 아니라 그들의 생업과 연계된 활동으로 이해할 수 있을 것이다. 그렇다면 소금의 운반이 부상의 고유 업무로서 확인되는 최초의 사례가 고려 말기였다는 평가도 가능하다.

도기 행상 정도전

와타나베 타카지로가 조사한 내용을 보면, 다소 황당한 내용도 보인다. 조금 길지만 해당 내용을 인용해 보면 다음과 같다. 정도전이 고려 말에 함경도에서 활약한 도기陶器 행상이었다는 설정인데, 조선의 개국공신인 정도전의 이름을 차용하여 지어낸 이야기로 보인다. 정도전은 경상도 출신이며, 함경도에서 장사꾼으로 활동한 바가 없다.

지금으로부터 520년 전, 고려 왕조 말기의 함경도 갑산甲山 지역에 극도로 가난하고 비천한 정도전鄭道傳이라는 사람이 있었으며, 그는 항상 도기를 짊어지고 각지를 떠돌며 상업을 했다. 그러나 그는 여러 곳에서 모욕을 당하고, 밤마다 온 집안이 울며 고통스러워했다. 어느 날, 이웃 마을의 부유한 부호 박성재朴性載라는 사람이 정도전의 아내의 미모에 반해 그녀를 강제로 빼앗아 첩으로 삼았다. 그때부터 정도전은 분노를 터뜨리고, 밤낮으로 동업자들 사이에서 설득을 시작하였다. 그리하여 3천 명의 상인들이 모여들었고, 먼저 정도전의 아내를 되찾을 수 있었다. 이 단순한 계기는 말없이 그들 사이에 연대의 필요성을 깨닫게 하였고, 자위적인 방안을 모색하게 했다. 15세기 조선의 한 작은 마을에서는 신용조합과 유사한 형태의 대규모 회의가 열렸다. 생명과 재산을 보호하고, 조합 내 규약과 상호 협력을 다짐하는 서약은 술잔을 나누며 이루어졌다. 업무를 처리하는 사무소, 간사, 평의원, 선거 및 투표와 같은 복잡한 절차는 일체 배제되었고, 대신 세 가지 간단한 법칙이 그들의 마음속에 새겨졌다. 그리하여 사회에서 냉대받던 비천한 상인들이 급격히 우위의 자리에 오르게 되었고, 조합원 중에서 부정이나 비리가 특히 거래상에서 거짓이 드러날 경우에는 강력한 처벌이 가해졌다. 이 제재는 여러 지역에서 실행되었고, 그들의 정신적 결속과 규약을 중시하는 마음이 크게 발전하였으며, 결국 이들은 사회에서 강력한 기구로 자리 잡게 되어 팔도에서 추앙받게 되었다.[48]

단순히 정도전이라는 이름 세 글자를 끌어다 쓴 것뿐만 아니라, 이 글에서는 다른 여러 가지의 불분명한 정보도 전달하고 있다. 첫째, 도기 행상의 동업자가 3천 명이나 모여서 정도전을 지원했다는 점이다. 아무래도 3천 명이라는 숫자는 과장된 것이라고 볼 수밖에 없다.

둘째, 업무를 처리하는 사무소가 없었고, 임원도 없었으며, 의사결정의 절차가 없었다는 점이다. 시기적으로 차이가 있기는 하지만, 현재까지 알려진 조선 후기의 관련 기록에서는 장터에 임방任房의 임시 사무소가 설치되었다거나 또는 단체의 대표인 접장接長의 자택을 회합의 장소로 사용했다는 내용이 있으므로, 상시적으로 설치되어 운영된, 일종의 도가都家가 없었다는 점은 인용문의 기술과 일치한다. 하지만, 조선 후기의 각종 기록을 통해 상인 단체 내에 각종 직책 및 임원이 있었으며, 그들의 의사결정이 권점圈點 형식의 투표 절차를 거치는 것이었다는 점은 인용문의 기술과 차이가 있다.

셋째, 상인의 사회적 지위가 올라갔다고 한 점이다. 조선 전기뿐만 아니라 조선 후기에 이르기까지 상인의 지위가 현격히 상승되었다고 볼 수 있는 근거는 찾기 어렵다. 따라서 팔도에서 추앙받는 강력한 기구로서 신용조합 성격의 상인 집단 또는 조직이 조선 전기에 이미 형성되었다는 주장은 받아들이기 곤란하다. 여말선초麗末鮮初에 조선의 개국을 계기로 상업 분야에서 큰 변화가 발생한 것은 분명하지만, 상인의 권한이나 역할이 강화되는 방향으로 바뀌었다고 볼 수는 없다. 이처럼 도기 행상 정도전의 일화에서 설명된 내용은 하나같이 그 근거를 찾아보기가 어려운 실정이다.

태조 이성계의 부상 임방 창설

앞에서 살펴본 몇 가지 설은 「혜상공국서」에서만 간략히 기술되어 있어, 후대에 널리 퍼져 있었던 이야기는 아닌 듯하다. 반면에 태조 이성계와 관련된 전설은 각종 문헌에 두루 등장한다. 이성계의 조선 건국 과정에 부상이 참여하였고, 부상청負商廳이라는 기관까지 창설되었다는 전설인데, 현재까지도 꽤 널리 유포되어 있다. 이런 이야기는 혜상공국이 설치되기 전의 기록에서부터 찾을 수 있으며, 예컨대, 「판하정식절목」(1881)에서 다음과 같은 기록이 보인다.

> 생각건대, 우리 부상負商이 청廳을 설치한 것은 유래한 바가 오래되었으니, 우리 태조 강헌대왕께서 설치하신 것에서 비롯되었다. 그 법은 모두 사촌의 의리를 맺어 살아서는 의탁하고 병들면 치료해 주며 죽으면 장례를 지냈으니 이것이 이른바 사해四海 안의 사람이 모두 형제라는 것이다.[49]

부상청이 설치된 것이 태조 이성계 재위 때였다는 내용인데, 같은 시기에 작성된 「판하신설임방사적」(1881), 「판하경기도도소사적」(1881) 등에서도 "생각건대, 우리 부상負商들이 청廳을 설치한 역사

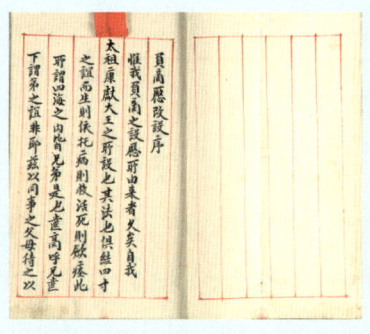

그림 12
「판하정식절목」의 일부, 국립부여박물관 소장

는 오래되었으니, 우리 태조 강헌 대왕께서 잠룡潛龍으로 한미했던 시절부터 설치되었다."[50]라고 하여, 동일한 취지로 기술되어 있다.

1883년의 「혜상공국서」에서는 다음과 같이 표현이 조금 바뀌었다. 크게 달라진 내용은 없고, 조선 왕조 5백 년 동안 부상청이 지속된 것처럼 되어 있다. 부상청이라는 것이 정부 조직으로서 공식적인 기관이 아니었던 것은 분명한데, 후대에 남겨진 전설 외에 당대의 관련 기록을 전혀 찾아볼 수 없기 때문이다. 또한 당시에 실제로 부상청이 설치되었다고 하더라도 후대에 이르기까지 지속적으로 운영되었는지의 여부에 대해서도 알기가 어렵다.

국초에 이르러 우리 태조 강헌대왕康獻大王께서 부상이 망하여 미약해진 것을 불쌍히 여겨 청廳을 세우는 법을 세운 것이 지금까지 500년에 이르렀으며, 태평성대에 억만의 등짐을 진 사람들이 교화되고 양육되는 가운데 자유롭게 활동했다.[51]

조선시대에 설치된 정부 기관으로서의 청廳은 도감都監과 더불어 임시로 설치되어 운영되고 그 역할을 다하면 폐지되는 것이었다. 대표적인 사례가 산실청産室廳이다. 그런데 부상청 또는 부상의 청은 이러한 정부 기관으로서의 청과는 거리가 있는 것이라고 할 수 있다. 이와 관련하여 주목할 만한 자료가 「완문」(1894)이다. 「완문」에서는 창설된 부상청에 오조물종에 대한 독점권을 부여하였음을 다음과 같이 적어 두었다.

> 그런 까닭에 태조께서 특별히 생각하고 보살피시어 부상負商 임방任房을 창설하고 물고기[魚]·소금[鹽]과 무쇠[水鐵]·토기土器·목물木物의 오조물종을 부상청에 속하게 했고 여기저기 흩어져 골짜기에 뒹굴었던 백성들이 병들면 치료해 주고 죽으면 장사지내는 밑천으로 삼게 하여 특별히 완문完文과 절목節目을 내려주셨다.[52]

그런데 여기서 알 수 있는 또 하나의 사실은 창설된 '부상청'이 곧 '부상 임방'이었다는 점이다. 즉, 태조 때에 창설된 것은 부상의 임방이었으며, 그 별칭이 부상청이었던 것으로 이해할 수 있는 것이다. 다시 말해, 조선시대에 부상청이라는 기관이 있었던 것이 아니고, 부상이 임방을 청이라고 표현하기도 했던 것이므로, 태조 이성계가 부상청을 설치했다는 전설을 곧이곧대로 믿고 따르는 것은 적절하다고 볼 수 없다.

이렇게 부상청이 설치되었다는 전설은 와타나베 타카지로의 조사에도 반영되어, 조선의 시조 이성계가 함경도에서 깃발을 올리며 부상의 단체를 교묘하게 이용해 남하 전투를 펼친 끝에, 결국 고려 왕조를 무너뜨리고 스스로 왕호를 칭하게 되었다고 하며, 이때 상인들의 공로가 크다고 하여, 팔도에 명령을 내려 상인 단체를 조직할 수 있도록 허락했고, 이를 통해 '부보상'이라는 명칭이 주어졌다고 주장되었다.[53] 하지만 앞에서도 살펴보았듯이 조선시대에 부보상이라는 용어를 사용한 사례를 찾아보기는 어렵다.

임방 창설의 계기

그렇다면 "부상의 단체를 교묘하게 이용"했다는 말은 무슨 뜻일까? 태조 이성계가 부상에게 임방이라는 새로운 단체를 만들어 주게 된 계기와 관련하여, 이들 부상이 식량 운반의 공을 세웠기 때문이라는 설이 있다. 「절목」(1879)에서 "처음에 우리 태조 대왕 때 식량을 운반한 일은 국가의 일에 있어서 어찌 큰 다행이 아니겠는가?"라고 하였고,[54] 「비변사완문」(1879)에서도 "옛날 우리 태조 대왕 때 부상이 식량을 운반하며 충성을 다한 일이 있고"라고 하였으며,[55] 「완문」(1894)에서도 "옛날 태조 대왕께서 의로운 군대를 앞장서서 이끄는 데 쌀을 등에 지고 임금을 따랐고"라고 하였다.[56] 언제 어떤 식량을 어떻게 운반했는지에 대해서 구체적으로 설명되지는 않았으나, 군량미를 운반한 것이 하나의 공적으로 인식되었음은 분명하다.

하지만 단순히 식량을 운반했다는 이유만으로 공적을 치하하여 이성계가 임방을 창설하였다고 하기에는 신화적 요소가 다소 부족한 감이 있다. 그래서인지, 뒤에서 자세히 살펴보게 될 백달원白達元이라는 전설적 인물을 전면에 등장시키게 되는데, 그가 이성계를 극적으로 구출하였다는 전형적인 영웅 서사를 만들게 된 것이다.

백달원의 이성계 구출 전설은 물미장 또는 물미작대기라는 지팡이의 유래를 소개하는 유자후의 다음 글에 잘 나타나 있다.

> 물미장勿尾杖은 속어에 부상負商 막대, 보상褓商 막대로서, 이 물미장의 출처는 예例의 80여 명인 보부상단의 두목으로 충성을 다해 활동하던 황해도 장사인 백달원이 이태조의 크고 작은 정벌에 종사하다가, 그 어느 때인지 이태조께서 대단히 곤급困急하신 위기일발의 장면을 당하심을 뵈옵고, 곧 앞장서서 달려나가 적벽대전 화용도華容道에서 정욱程昱(141~220)이 위태조魏太祖(조조, 155~220)를 뵈옵고 달아나는 모양으로 이태조를 등에 업어 모시고, 한 조그마한 단장短杖을 짚고 난을 피하여 드린 일이 있어, 이태조께서 그 공을 가상히 여기사, 물미장을 소지하게 허락하시되, 그 물미장에다가 용의 형상을 조각하여 사용하게 하셨던 것이다.[57]

백달원의 전설은 이성계를 구출한 공로를 인정받아 물미장을 하사하였다는 내용을 골자로 한다. 이성계 구출의 일화에 지팡이 이야기를 연결한 내용은 기쿠지 겐죠의 다음과 같은 기술에서도 확인된다.

태조는 평북 국경에서의 적군 토벌 전투 중에 화살을 맞고 어깨에 부상을 입고 전장에서 쉬고 있을 때, 역시 백달원이 태조의 위험을 보고 자신이 지게를 지고 짧은 지팡이를 짚으며 위험을 피했다. 그 후, 지팡이에 용 형상을 조각한 짧은 지팡이를 지니도록 허락되었고, 이를 상단의 상징으로 삼았다.[58]

하지만 백달원의 전설이 이성계의 구출이라는 한 가지 사건에 국한된 것은 아니었다. 널리 인용되는 공적이 하나 더 있었으니, 그것은 바로 태조 이성계가 함경도 안변安邊의 석왕사釋王寺를 증축하고 오백나한五百羅漢을 이안移安할 때 보부상의 물력을 동원했다는 일화이다. 삼척에서 안변까지 오백나한을 짊어지고 옮겼다는 것인데, 기쿠지 겐죠의 다음 두 글에서 확인된다.

태조 이성계는 그의 조상을 제사하고, 선대의 명복을 빌며, 또한 그의 친우인 무학국사無學國師를 기리기 위해 안변 석왕사를 창건하였다. 그 규모를 더욱 확장하기 위해 삼척에서 오백나한 불상들을 이곳으로 옮기기로 결정하였다. 그 당시 80여 명의 젊고 건강한 일꾼들이 그 일을 돕기 위

3. 재생산된 전설

해 함께 일하며, 그 운반을 맡아 일한 이들이 있었다. 그들의 수장인 황해도 토산 출신의 백달원은 특별한 성격의 남자였다.

그가 보여준 뛰어난 일하는 모습과 충성스러운 행동을 본 태조는 그가 공로를 인정하여 개성의 발가산發佳山에 임방(역소役所 또는 사무소)을 설치하고, 백달원과 그의 동료들에게 물고기, 소금, 목재, 도기, 철물 등의 전매권을 부여하였다. 즉, 석왕사 건축에 충성스러운 일꾼으로 활동했던 백달원은 갑자기 조선 전도의 상왕商王이 된 것이다. 그는 80명의 건축 일꾼의 수장이었으나, 이제는 수십만 상인들의 대부가 되었다.

전매 사무소 본부는 발가산에 설치되었고, 경향 시장의 관리를 맡게 된 백달원은 이제 상인들의 왕이 되었다. 또한 국왕은 그의 임방에 공문서의 증빙과 도장을 주어, 공식적인 문서로 특권을 행사할 수 있게 하였다.[59]

태조의 석왕사 건립에 공로를 세운 백달원은 태조의 호종자扈從者가 되어 가까운 측근이 되었고, 시신侍臣이 되어 마치 태조의 오랜 친구처럼 태조의 즉위까지 항상 충실히 봉사하였다. 즉위 원년에 개성의 발가산을 그에게 특권 전매專賣 상단商團의 본부로 특별히 설치할 수 있도록 허가하였다. 이는 아마도 당연한 은총이었을 것이다. 백달원은 제1대 두목頭目으로서 상민商民의 규합을 도모하였으며, 조선 전국의 상무商務는 백달원 두목의 허락 없이는 시장에서 매매조차도 이루어질 수 없었다.[60]

뒤의 인용문은 앞의 인용문을 요약하여 재서술한 것인데, 기쿠치 겐죠는 이렇게 다시 반복 서술함으로써 이 이야기를 강조하고 싶었던 것으로 보인다. 이성계는 건국 전에 안변 설봉산雪峰山 토굴에서 무학대사를 만나 꿈에서 본 왕이 될 징조를 전해 듣고 1년 이내에 석왕사를 짓고 3년 이내에 오박나한재五百羅漢齋를 지내겠다고 하였다. 조선 창업 후에 석왕사를 중건하여 오백나한을 실제로 봉안하였는데, 이 오백나한은 안변에서 직선거리로 220km가 넘게 떨어진 삼척에서 지고 온 것이었다. 일설에서는 이성계가 오백나한상을 직접 한 분씩 등에 업고 옮겼다고도 하는데, 그 전설과 관련하여 백달원과 그의 동지들이 역할을 한 것으로 설정되기에 이른 것이다.

태조 이성계의 건국과 관련한 전설은, 군량을 운반하였고, 이성계를 위기에서 구출하였으며, 오백나한을 지고 옮겼다는 것이다.

이 세 가지의 일화가 모두 백달원 및 그가 이끈 부상의 공적이었고, 한데 묶어서 유자후가 다음과 같이 소개한 바 있다.

> 보부상단의 초대 두령은 이태조의 정벌에 있어서 식량을 나르고 물품을 보급한 공이 대단히 컸으며, 어지러운 전투 중에 이태조를 위급으로부터 구해 드린 충성이 대단히 컸으며, 이태조께서 석왕사 영건營建과 오백나한을 옮겨 모실 때의 노고가 대단히 컸던 황해도 토산 출생인 백달원이었다.[61]

이러한 일화들은 그다지 대단한 것이라고 하기는 어려우나 부담負擔이라는 행위를 일반적으로 부역에 동원된 백성이 수행한 것이 아니라 부상負商이 특기와 전문성을 살려 담당하였음을 강조한다는 데에 의의가 있다. 또한 이성계 구출의 일화와 오백나한 이안의 일화에서 부상청이라는 용어를 찾을 수는 없지만 임방의 설치에 관한 내용이 있으므로, 사실상 부상청이 곧 임방이었음을 추론해 볼 수 있다. 결국 세 가지 일화는 모두 임방의 창설로 귀결된다.

태조 이성계의 하사품

태조 이성계는 백달원을 비롯한 부상에게 임방 창설만 해준 것이 아니라 무언가를 하사하였다. 앞의 인용문에서 기쿠지 겐조는 증빙 문서와 도장을 주었다고 하였는데, 무엇인지 다소 불분명하게 묘사되어 있다. 유자후는 보다 구체적으로 다음과 같이 전하였다. 증빙이 되는 공문과 붉은 도장, 그리고 상품별 판매 독점권이라는 세 가지였다는 것이다.

> 원래 석왕사釋王寺 역사役事에 있어서 80여의 두목으로 있던 백토산白兎山은 일약 수십만의 보부상단의 우두머리가 되어, 상업 천하에 호령하게 되었던 것이다. 고려 말에 반동 악화反動惡化되었던 이 보부상민을 이태조께서는 더욱 복종하여 따르게끔 하시려고 보부상단의 우두머리 백달원을 친히 어전御前에 불러 앉히시고 우악優渥하신 칙어勅語로 격려하신 뒤에, 세 가지를 내려 정해 주셨다. 그것은 제1로는 임방의 공사公事에 증빙을 주시고, 제2는 주인朱印을 친히 하사하여 사용하게 하시고, 제3은 전국 관아에 발포하여 상품 전매 특권 실행을 하도록 하신 것이었다.[62]

그 세 가지가 전부는 아니었던 것으로 보이는데, 별도로 태조 대왕께서 "병즉病則 구료救療하고, 사즉死則 감장堪葬하라."라는 수교授敎를 공문장정公文章程으로 내려주었다고 하였다.[63] 유자후는 태조의 이 공문장정에 적힌 "병즉구료사즉감장病則救療死則堪葬"을 '여덟 글자八字'의 '칙교勅敎'라고 표현하였다. 하지만 태조의 공문장정은 현존하는 문헌이 아니므로, 구체적으로 어떤 자료인지는 전혀 알 수가 없다. 또한 현존하는 각종 고문서의 분류 체계 속에서 '공문장정'이라는 유형의 문서는 찾아볼 수 없다. '공문장정'이라는 명칭으로 보건대, 당대의 용어는 아니며 아마도 후대에 명명한 것일 가능성이 높다.

유자후의 기술을 그대로 믿기 어려운 또 하나의 이유는 태조가 보부상의 단체를 공인하면서 "앉으면 보상이고[坐則褓商], 서면 부상이라[立則負商]."라고 했다는 부분이 보이기 때문이다. 앞서 논의한 바와 같이 부상이 고대부터 이어져 내려온 상인인 반면, 보상은 훨씬 후대에 출현한 상인이었을 가능성이 높기 때문이다. 또한 유자후의 기술이 아닌 다른 문헌에서는 이성계와 관련하여 공히 부상의 공적에 대해서만 논하고 있을 뿐 보상에 대해서는 전혀 언급이 없다. 따라서 이성계가 보상과 부상을 모두 포괄하여 양자가 전매권을 나누어 갖게끔 칙교를 내렸다는 설에 대해서는 신뢰하기가 어렵다.

그리고 이성계가 부상에게 사과司果의 직호를 상으로 내렸다는 이야기도 다음과 같이 전해지고 있다. 하지만 이 역시도 신뢰할 만한 정보라고 보기 어려운데, 객관적인 근거를 찾을 수 없기 때문이다.

> 1392년 개국 초부터 부상에게는 대략 작은 공이 있어 임금께서 특별히 사과司果의 직호職號를 상으로 내려주셨고, 이로부터 팔도의 부府·주州·군郡·현縣의 경계를 돌아다니며 부상청을 창설하여 풍강風綱을 세우고 절목節目을 작성했는데[64]

개성 발가산의 임방

앞서 소개한 인용문은 이성계에 의해 최초로 부상의 임방이 창설된 곳이 개성의 발가산이었음을 전하고 있다.[65] 발가산 임방이 전국적인 상인 단체의 중심이 되었다는 전설인데, 그렇다면 왜 하필 개성이었을까? 이와 관련하여 유자후는 다음과 같이 설명하였다.

> 태조가 맨 처음에 개성의 경덕궁敬德宮에서 즉위했으므로, 당연히 그 임방을 송도松都에 두어 보부상의 총본부로 한 것은 제도상 당연한 처리였고, 이 임방을 송도에 둔 또 다른 이유로서 송도가 고려의 서울이었으므로, 전과 다름없이 불평한 분자가 격동할 우려가 적지 않고, 또는 이 불평분자들이 조선의 관직에 진출하기를 즐겨 하지 않으므로, 그리하여 언제 불상사가 없으리라고 할 수 없고, 설령 불상사가 없다 할지라도, 이 개성 사람들을 잘 지도하지 않을 수 없었기에, 백달원으로 하여금 이 개성의 인민을 상업으로 인도하게 하여, 그들의 생활을 보장하게 했던 것이다. 이 보부상단이 송도에 총본부를 두고, 조선 팔도의 방방곡곡에 거미줄같이 보부상들이 산재하여 입상立商 또는 좌고坐賈로서 활동하게 되었

는데, 이 가운데에 봇짐장사로는 송도 사람이 가장 많았다고 한다. 이들은 먹기 위하여, 살기 위하여, 이 상권 획득에 근면하게 활동한 결과, 부지중에 공고한 장족의 발달을 가져와 개성상인을 송방松房이라 전국이 칭호하게 되어, 장사 잘하는 사람의 표어가 되다시피 송방, 송방 하게 되었다.[66]

몰락한 고려 왕조의 인민으로 하여금 상업에 종사하도록 했다는 말인데, 유자후의 이러한 이야기는 문정창文定昌에 의해서도 다음과 같이 주장되었다. 보부상의 중심이 고려 멸망 후의 개성상인에 있다고 본 것이다.

> 보부상의 중심 세력은 개성의 상인들이었다. 고려가 멸망하고 이조가 흥할 때, 이전 왕조의 신하들은 이조에 복종하는 것을 꺼려했고, 영원히 관직을 바랄 수 없게 되었으며, 땅이 좁아 농업을 할 수 없었기 때문에 생계를 유지하기 위해 당시의 천한 직업인 상업에 종사하며 팔도에 흩어져 행상으로 활동했다. 그들이 가장 많았을 때는 1만 명에 달했다고 전해진다.[67]

하지만 보부상과 백달원, 그리고 개성상인 간의 연결 고리를 태조 이성계의 조선 건국과 관련하여 찾는 것이 적절한지에 대해서는 의문이 있다. 개성은 고려의 수도였으며 활발한 대외 무역이 이루어지는 과정에서 일찍부터 상업에 종사한 자들이 많이 거주한 곳이었다. 조선시대에 들어서도 개성에는 행상을 직업으로 하는 자들이 많았지만, 개성의 행상은 농촌의 장시를 오가며 생업을 영위한 장돌뱅이 성격의 하층 상인과는 근본적으로 다른 존재였으며, 보다 큰 자본으로 보다 먼 거리를 오가며 각 지방에서 장기간 체류하는 특성을 가지는 존재, 즉 원격지 상업에 특화된 존재였던 것으로 알려져 있기 때문이다.

또한 백달원이나 발가산의 전설에 관한 이야기가 보부상 관련 자료에서는 더러 등장하는 반면, 개성상인에 관한 문헌에서는 백달원이나 발가산 또는 나아가 부상에 관하여 이성계의 건국과 관련된 일화를 찾아보기가 어렵다.

임진왜란의 행주대첩과 의주몽진

부상이 이성계의 건국 과정에 기여했다는 전설 외에 조선 전기의 추가적인 일화 또는 영웅담은 알려진 바 없다. 그로부터 약 200년이 경과한 시기에 발발한 임진왜란(1592~1598)과 관련하여 보부상의 활약이 있었던 것으로 전해진다. 「혜상공국서」의 관련 기록은 다음과 같다. 행주대첩에서 위기에 처한 권율 장군을 돕기 위해 부상이 군량을 나르고 밥을 짓는 등의 지원 활동을 했다는 것이다.

> 무릇 부상이라는 자는 오로지 충성과 의리를 위주로 하여 잠깐도 게으르지 않은 자이므로, 임진왜란에 도원수都元帥 권율權慄(1537~1599)이 식량이 끊겨 싸우지 못하고 땅을 파서 쥐를 잡고 그물로 참새를 잡았으며 삼군三軍은 굶주려 누워 있던 때에, 부상 수천 명이 산골짜기에서 난을 피해 양식을 짊어지고 군대에 이르러 밥을 지어주었더니, 선봉대가 스스로 일어나서 적군을 크게 물리쳤고 3일 동안 연이은 전투에서 장차 죽은 뒤에야 그만둘 것을 생각했으므로 모두 절의를 지켜 죽게 되었다.[68]

임진왜란에서의 활약은 행주대첩에 그치지 않았다. 「비변사완문」(1879)에서는 "우리 선조 때 또 보리밥과 팥죽을 올린 정성이 있었다."[69]라고 하였는데, 이와 관련하여 「충청도비인임소청금록」(1881)에는 다음과 같이 기술되어 있다.

> 임진년 병화兵禍의 위급함 때문에 대가大駕가 의주에 잠시 머무른 날에 부상들이 임금께서 계신 곳으로 달려와서 밤도 잊고 부지런히 애써 식량을 운반하여 끊기지 않게 노력했으니, 국가가 평화를 되찾은 날에 이르러서는 어찌 국가를 위한 아름답고 정성스러운 소임이라고 말하지 않을 수 있겠는가?[70]

이 인용문과 같은 내용이 「판하신설임방사적」(1881)과 「판하경기도도소사적」(1881)에서도 보인다.[71] 「판하신설임방사적」과 「판하경기도도소사적」에서는 보다 간략하게 "임진왜란으로 선조께서 의주로 파천하시던 날에 식량을 운반하며 임금을 따랐다."라고도 했는데,[72] 「판하정식절목」(1881),[73] 「완문」(1894)[74] 등에서도 동일한 기술이 반복되었다.

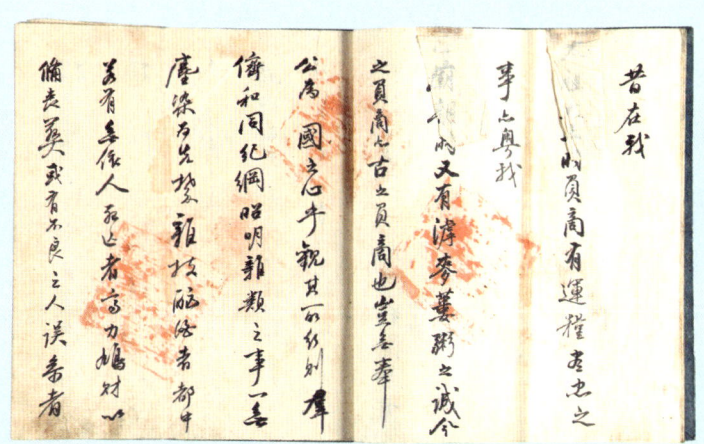

그림 13
「비변사완문」의 일부, 국립부여박물관 소장

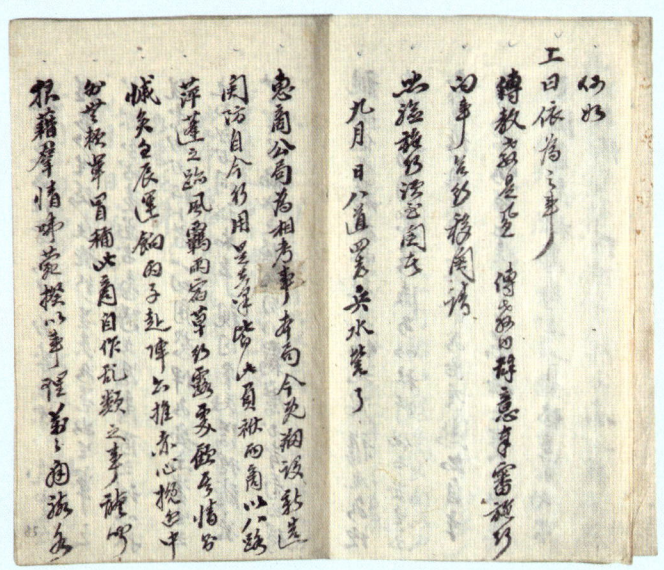

그림 14
「혜상공국관문등서책」의 일부, 국립부여박물관 소장

3. 재생산된 전설

이처럼 행주대첩과 의주몽진이라는 두 차례의 위기에 부상이 보급 또는 운반의 역할을 담당했다는 것인데, 「혜상공국관문등서책惠商公局關文謄書冊」에서도 "임진왜란 때 군량을 나르고"라고 하여 아주 짧게 언급되었다.[75] 기쿠지 겐죠도 임진왜란 때 부상이 활약한 사실을 짧게나마 기술해 두고 있다.

> 선조의 임진년부터 7년 간은 일본과 중국 및 조선의 동맹군 간의 전쟁이었다. 부보 상민은 이 전쟁에서 운반 업무를 맡아 매우 충실하게 일했다.[76]

병자호란 때 식량과 물자를 나르다

임진왜란이 끝나고 약 38년 후에 있었던 병자호란(1636~1637) 때에도 부상의 활약이 있었다고 한다. 인조가 남한산성으로 피신하여 항전한 일화와 관련하여, 「혜상공국서」는 부상의 공적을 다음과 같이 묘사하고 있다.

> 병자호란으로 남한산성이 적에게 포위된 가운데 저들이 목책木柵을 세워 외성外城이 외부와 통하지 못하고 군량을 나르는 길이 완전히 끊겨 말이 제 몸의 갈기를 뜯어먹고 사람은 제 팔뚝을 씹어 먹을 때에, 부상이 몰래 토굴을 뚫어서 낮에는 식량을 모으고 밤에는 식량을 운반하여 성 전체를 구했다. 난이 평정된 후 임금께서 사람들을 불러 모아 벼슬하게 하려 했으나 부상들이 벼슬을 원하지 않고 다만 오조五條 물건을 허가해 주어서 동료들의 생계로 삼기를 원했더니, 특별히 명이 내려지는 은전을 받아 지금까지 서로 전해온 것은 진실로 이 때문이다. 오조라는 것은 물고기[魚], 소금[鹽], 토土·목기木器, 무쇠[水鐵]이다.[77]

여기서 한 가지 짚어봐야 할 것은 인조가 벼슬을 하사하려고 했는데 부상들이 원하지 않았다고 했다는 점이다. 앞서 소개한 내용 중에는 태조가 부상에게 사과司果의 직호를 내렸다고 했는데, 인조가 내리는 벼슬은 왜 받지 않으려고 했을까? 실직實職이든 허직虛職이든 부상들에게는 필요하지 않았기에 사양하려 했다는 이야기를 한 것인데, 이성계의 일화와 비교해 본다면 아무래도 앞뒤가 맞지 않는다. 어느 한쪽이 허구이거나, 둘 다 허구일 가능성이 높다.

또한 앞에서 소개한 기쿠지 겐죠의 글에서는 이성계가 "백달원과 그의 동료들에게 물고기, 소금, 목재, 도기, 철물 등의 전매권을 부여하였다."라고 하였고,[78] 친군경리행진소 또는 홍산 수령이 발급한 「완문」에서도 마찬가지였다.[79] 그런데 「혜상공국서」에서는 인조가 오조물종의 전매권을 부상들에게 부여하였다고 기록하고 있는 것이다. 그렇다면 부상의 후예가 남긴 각종의 문헌에서도 오조물종의 전매가 언제부터 시작되었는지 일원적으로 파악되지는 못하고 있었던 것이 아닌가 하는 의문이 남는다. 부상의 오조물종에 대한 독점권의 연원과 관련하여 「혜상공국서」 외의 다른 자료에서는 인조가 부여하였다는 기록이 확인되지 않는다.

하지만 부상이 병자호란에서 활약한 사실만은 분명한 것이 아닐까 싶다. 「완문」(1894)에서도 "병자년에 인조께서 남한산성으로 거등할 때 쌀을 등에 지고 산성을 지켰"다고 하였으며,[80] 「혜상공국관문등서책」에서도 "병자호란 때 전쟁터에 나아갔"다고 했다.[81] 보다 구체적인 사정은 시노부 준페이의 다음 글에서 찾을 수 있으며, 거의 같은 내용이 젠쇼 에이스케의 글에서도 다시 확인된다.[82]

> 약 180년 전, 인조 시대에 만주의 태종이 대군을 이끌고 조선을 침략하자, 상황이 급박해지며 인조는 남한산성으로 피신하여 사방에 격문을 보내 의병을 소집했다. 이때 팔도八道의 보부상들이 동지들을 규합하여 군량과 물자를 헌납하고, 더불어 보급의 임무를 맡았다. 남한산성은 50일간 포위되었으나 끝내 버티지 못하고 항복하여 화친을 맺었다. 사태가 수습된 후 인조는 보부상의 의용을 깊이 칭찬하고, 그들의 결속을 장려하였다. 이에 따라 팔도의 보부상을 각각 두 개의 조로 나누고, 조마다 도박장都拍長(총책임자), 접장接長(부책임자), 도반수都班首(관리), 반수班首(부관리), 공원公員(부장), 유사有司(부부장) 등의 직책을 마련하여 그들을 통솔하도록 하였다. 이리하여 보부상은 평상시에는 행상으로 지방을 돌며 상업을 하고, 유사시에는 군량 및 군기 운송을 담당하는 집단이 되었다.[83]

그런데 보상과 부상을 각각 두 개의 조로 나누었다는 것이 무슨 의미인지 분명하지 않고, 도박장이라는 용례는 찾아보기 어렵다. 아마도 도접장都接長을 가리키는 것일 가능성이 높다. 이들 조직이나 직책이 직접적으로 확인되는 것은 19세기에 들어서이므로, 17~18세기에 실제로 이런 단체가 결속되어 운영되었는지, 유사시에 군량이나 군기의 운송을 담당한 사례가 있었는지에 대해서는 알 길이 없다.

패랭이의 기원

병자호란과 관련하여 한 가지 더 살펴봐야 할 점은 보부상이 주로 쓰고 다니는 패랭이가 이때부터 사용되었다는 주장이 보인다는 것이다. 그와 관련된 기쿠지 겐죠의 기술은 다음과 같다.

> 인조 병자년의 전란 중에는 군량의 운반을 이 상단이 맡았다. 그 후 인조는 전란 중에 부상을 입고 남한산성으로 피신하였을 때, 상민 중에서 면화 상인이 와서 그 면화로 붕대를 만들어 주었다. 인조는 전란 후 그 면화 상인의 기지와 충성심을 칭찬하며, 부보상의 수고를 치하해 그들의 모자 양옆에 면화를 장식해 이를 관으로 삼았다. 평량자는 바로 이것이다.[84]

하지만 오조물종 전매권이 인조가 아닌 태조에 의해 부여된 것과 마찬가지로, 인조에 의해 패랭이의 착용이 시작되었다는 이야기도 그대로 믿기는 어렵다. 패랭이와 관련해서는 유자후가 상세히 남긴 글이 있는데, 다음과 같다.

평량립平凉笠은 일명 평량자이며, 속어로는 패랭이로서, 이 패랭이 꼭지 밑에 줄을 둘리고, 그 좌우에다가 목화송이를 결체하였다. 이것은 보부상이 다 그렇게 하였던 것으로, 그 목화송이를 달게 된 기원은 이태조 때부터였다. 즉, 고려 우왕禑王 6년(1380)에 이태조李太祖가 아기발도阿只拔都와 더불어 교전하실 때에, 이태조께서 제군諸軍을 휘독揮督하시면서 진공進攻하시다가 유시流矢에 왼쪽 다리를 상傷하시니, 태조께서 화살을 뽑아서 버리시고 더욱 의기가 충천하여, 활을 당겨 아기발도의 투구를 맞히시니, 퉁두란佟豆蘭이 쏘아 죽이려 하거늘, 이태조가 이 거동을 보시고, 퉁두란에게 명하여 "죽이지 말라. 그 예용銳勇이 아깝다." 그대로 생금生禽하려 하시니, 퉁두란이 말하되, 생금하려 하면 사람이 많이 다칠 터이오니 할 수 없다 하고, 쏘아 버렸다. 싸움이 끝난 뒤에 이태조께서 왼쪽 다리를 보시니, 시흔矢痕에 유혈이 흥건하거늘 무엇으로 치료하려 하셨으나, 창졸간에 어찌 할 수 없어 하실 때에, 당시 보부상으로 종군하여 사역을 하고 있던, 백달원白達元의 부하 가운데에 면화 장사하던 사람이 있어, 약간의 면화를 휴대한 바가 있어, 그 면화로 혈오血汚를 청식清拭하여 드리고, 그것으로 붕대繃帶해 드려, 응급 치료가 되신 일이 있었다. 그리하여 태조께서 그 전란 가운데에서 목화송이로 응급 치료를 받으신 기념으로, 패랭이 왼쪽에 목화송이를 달게 하신 것으로, 동시에 부보상들이 임란臨亂 혹은 평시平時에라도, 부상, 즉 상처가 있을 때에는 응급 치료하라는 권장이 있었다 한다. 그 후 병자호란에 인조仁祖께서 남한산성으로 피난하실 때에, 그 전란 가운데에서 돌아 나오시다가 약간의 부상을 입으신 일이 계셔 선혈이 유응流凝하셨는데, 당시의 시위지신侍衛之臣에 한 사람도 미처 간호하여 드리지 못하였는데, 그때 역시 보상 가운데에 솜장사가 종사하다가, 그것을 뵈옵고 달려가서 보자기에 싸서 메고 다니던 솜을 내어 어처御處를 붕대해 드린 일이 있어, 인조께서 평란平亂 후에 그 면상棉商의 기지와 충의를 가상히 여기시고, 태조의 고사를 말씀하시며, 패랭이 오른쪽에 또 더 달라 하셔서, 보부상의 평량자에 면화 송이가 좌우로 대결對結하게 되었던 것이다.[85]

이 글에서 알 수 있듯이, 이미 태조 이성계에 의해 패랭이에 목화송이를 달고 다니는 관행이 시작되었다고 한다. 그런데 유자후는 한술 더 떠서, 패랭이 왼쪽에 목화송이를 달게 된 것은 태조 때에 부상이 활약한 덕분이고, 오른쪽에 목화송이를 달게 된 것은 인조 때에 보상이 활약한 덕분이라고 하였다. 이런 설정은 너무나 그럴듯하게 만들어낸 말이라는 느낌을 지우기 어려우며, 부상을 좌사, 보상을 우사라고 부르게 된 것과 교묘하게 연결하려 한 것일 가능성도 있다.

만약 위와 같은 전설이 사실이라면, 태조 이래 인조 때까지는 부상이든 보상이든 모두 패랭이 왼쪽에 목화송이를 달고 다녔을 터이고, 인조의 상처를 지혈하기 위한 목화솜은 전란 속에 뛰어든 어떤 장돌뱅이에게서든지 쉽게 구할 수 있었을 것이다. 그렇다면 굳이 보상 가운데 솜 장사를 하던 사람을 찾을 필요가 있었을까? 패랭이 양쪽에 목화솜을 달고 다니게 된 시기나 이유에 대해서는 분명히 알기 어렵다고 해야 하지 않을까?

화성 축조에 동원되다

병인양요로부터 150여 년이 경과하는 동안에 대해서는 부상의 활약과 관련하여 특별히 거론된 사례가 없다. 이어서 강조된 것은 정조 때의 화성 축조에 부상이 기여했다는 사례인데, 「혜상공국서」에 다음과 같이 기록되어 있다.

> 화성을 축조할 때 신재愼齋(주세붕)의 후손인 김곽산金郭山 영감이 삼남도접장三南都接長이 되어 부상을 불러 모아 일시에 부역했으니 공장工匠을 구비하여 한쪽에서는 돌을 운반하여 다듬고 나무를 마름질하고 철을 제련하여 장안문長安門을 완공했다.[86]

장안문은 화성華城의 북문(정문)이고, 1795년에 완공되었다. 곽산郭山이 평안도의 지명이라는 점을 감안하면, 곽산 출신의 김모 씨가 장안문 부역에 동원된 부상의 총책임자였다는 말이다. 보상이나 부상은 본명이 아닌 출신 지역명으로 이름을 대신하는 것이 관례였기 때문이다. 삼남도접장의 삼남三南은 경상·전라·충청의 세 도를 가리킨다.

하지만 주세붕의 후손인 김곽산 영감이 누구인지 파악하기는 어렵다. 화성 축조와 관련된 대표적 공식 기록인 『화성성역의궤華城城役儀軌』에서도 김곽산이라는 인물 또는 주세붕과 관련된 사람을 찾을 수는 없고, 삼남도접장이나 부상負商에 관한 내용도 기록되어 있지 않다.

상인 단체의 자연 발생

보부상이 신라와 고려 시대에 이미 관행으로 정착해 있었는데, 조선의 개국과 더불어 한양에 시전을 새로 설치하게 되자 억압받게 되었다는 다케다 한시의 다음과 같은 주장도 있다. 다케다의 주장에서는 보부상이 단체를 결성한 증거를 찾을 수 없다는 점을 분명히 하고 있으며, 연혁도 불분명하다고 적시하고 있다. 물론 이 주장에서는 신라나 고려 시대에 당연히 단체가 결성되어 않았을 것으로 상정하고 있다고 보아야 할 것이다.

> 대체로 '부보負褓'는 신라와 고려 시대의 상업 관행으로, 객주客主(지방의 지점)와 도전都廛(본점) 간의 연결 고리가 되어 시장(각 고을)을 번창하게 했다. 이는 자연스러운 상업 조직이었으나, 한양의 육전六廛은 관영적으로 독점하며 그 자본을 확고히 했다. 따라서 일반 부보 상인에 대한 제재도 당연히 가해졌으며, 부보 상인이 처음으로 조합 조직을 결성하게 된 것은 문서로 증명할 수 있는 것은 없고, 그 연혁을 아는 사람도 매우 드물다.[87]

여기서 한양의 육전이라고 한 것은 육주비전[六矣廛]을 가리키는데, 육주비전을 포함한 한성부의 시전은 금난전권禁亂廛權을 보유하여 도성 내에서의 상행위를 통제할 수 있었다. 하지만 지방의 행상에 대해서까지 특권이 미친 것은 아니므로, 다케다 한시의 주장에는 신뢰하기 어려운 점이 있다. 하지만 행상이 조직을 결성한 것을 증빙할 만한 문서가 없다는 점은 사실 그대로이며, 그러므로 연혁을 아는 사람이 매우 드문 것은 어쩌면 당연한 것이다. 다케다 한시는 조선 왕조의 마지막 세기인 19세기의 헌종 때에 비로소 부상의 단체가 결성되었다고 보았으며, 관련 기술은 다음과 같다.

> 지금으로부터 75년 전, 즉 헌종 대왕의 원년이었으니, (헌종 대왕은 15년간 재위하였다.) 이 두 종류의 행상 중에서 부상의 단체적 조직은 실로 헌종의 치세에 시작되었다고 한다. 따라서 그 조직이 헌종 말년에 시작되었다고 해도, 실제로는 60년 전에 창설된 것이다. 이 단체를 조직하게 된 동기는 강원도 각지의 도로가 험준하고, 인적이 드물어 상업 여행이 어렵고, 객점(도매점이면서 여관을 겸한 곳)도 적었기 때문에 자연스럽게 짐을 지고 다니는 행상들이 단체적인 상단商團을 조직할 필요가 생겼던 것이다. 이 상단에

가입하는 사람들을 '부상특류負商特類'라고 부른다. 이 '특류'는 진정한 특류로, '완의完義'라 불리는 맹세문을 작성하여 혈육보다도 더 무거운 의리를 맺고, 어려울 때 서로 돕는 규약을 정했으며, 이를 '절목문첩節目文牒'이라 불렀다.

이 '완의'란 관우와 유비, 장비가 의형제를 맺었던 '도원결의桃園結義'의 의리를 완수한다는 뜻이며, 그 문서에 기록된 절목(규약)은 의리를 태산의 무게에 비유하고, 생명을 기러기 깃털보다 가볍게 여기며 이를 목숨 걸고 지키기로 맹세한 것이다. 이러한 상인들 사이의 편리함은 이를 능가할 것이 없었다. 이로 인해 헌종 대왕은 '수교문첩授教文牒'을 하사하며 이를 공인하고 장려하였다. 그 결과, 부상특류는 곧바로 팔도에 퍼지게 되었다.[88]

다케다 한시에 따르면, 부상의 조직이 결성된 것은 헌종 때이고, 당시에 작성된 '완의'와 '절목'이 있었다고 한다. 하지만 헌종의 재위 기간에 해당하는 1835~1849년간에 작성된 부상의 완의나 절목이 현존하는 사례는 찾기 어렵다. 원래 그러한 문건이 있었는데 현재 남아 있지 않은 것이라면, 보상과 부상의 단체 결성 시기에 관해서 앞서 소개한 가설은 철회되어야 할 수도 있을 것이다. 하지만, 완의나 절목이 새롭게 확인될 가능성은 현저히 낮은 상황이다.

인용문에서는 완의가 '의리를 완수한다.'라는 뜻이라고 하면서 의리를 의미하는 의義라는 글자를 사용하였는데, 현존하는 고문서를 종합적으로 살펴보면 완의完義라는 문서 유형은 존재하지 않으며, 대개는 완의完議를 잘못 적은 경우에 해당한다. 충성과 의리를 강조하는 보부상 조직의 특성상 완의完議의 의議마저도 의義로 바꾸어 포장하려고 한 것이 아닌가 한다.

헌종 때에 작성한 완의나 절목이 현존하지 않고, 헌종이 내려줬다는 수교문첩이 현존하지 않는 것처럼, 현재로서는 찾아보기 어려운 문서에 대한 기록 사례는 더 있다. 예컨대, 「완문」(1894)에서 "선조와 인조 때에 특별히 부상의 곤궁함을 불쌍히 여겨 완문完文과 절목節目을 판하判下하였"[89]다고 하는데, 현존하는 보부상 관련 자료 중에서 그렇게 이른 시기에 작성된 완문이나 절목은 찾아볼 수가 없다.

인조 때에 판하한 완문이나 절목이라면, 아마도 앞서 소개한 병자호란과 관련하여 인조가 부상에게 오조물종의 독점권을 부여하면서 내린 문건일 수도 있다. 선조 때의 완문·절목이라면, 임진왜란과 관련된 것일 텐데, 그와 관련해서 기록된 내용은 거의 찾아볼 수가 없다. 일반적으로 완문이라는 유형의 문서가 특권의 부여 및 그에 관한 증빙을 목적으로 하는 것이므로, 만약 실제로 그런 문서가 발급되었다면, 공적을 확인하거나 권리를 인정하는 내용이 담겨 있었을 것이다.

다케다 한시가 작성한 위의 인용문과 관련하여, 비록 현존하는 관련 문서는 없지만, 부상의 조직 결성을 19세기 중엽으로 추정하는 것은 어느 정도 설득력이 있다. 보상이냐 부상이냐의 차이는 있겠으나, 충청남도 및 경상남도에 현존하는 문헌에서는 공통적으로 19세기 중엽에 조직이 창설된 것으로 확인되고 있기 때문이다.[90] 하지만 '부상특류'라는 명칭은 이 인용문 외의 다른 곳에서는 나타나지 않으므로, 다케다 한시가 임의로 사용한 용어로 추정된다.

위의 인용문과 관련하여 또 한 가지 주목할 만한 점은, 단체를 만들게 된 계기와 관련하여 국왕을 도왔다거나 전란이나 공사에 참여하는 등 나라에 충성하는 행위와 결부시키려 하지 않았다는 점이다. 장돌뱅이의 특성상, 장과 장을 오가며 장사를 하기 위해 이동하는 과정에서 부딪히게 되는 현실적인 여려움, 즉 도로나 숙소의 사정, 또는 도적 및 맹수와의 조우 등으로 인해 자연발생적으로 단체가 결성되었다고 설명하려 한 것이다. 이러한 주장은 일견 타당하지만, 그렇다고 하더라도 왜 시기적으로 19세기에 단체가 만들어지게 되었는지를 직접적으로 해명할 수 있는 근거는 되지 않는다. 장시는 17세기부터 발생하여 18세기에 이르면 이미 전국적으로 체계를 갖추었기 때문이다.[91]

4

역사가 된 활약

앞에서 소개한 각종의 일화는 거의 대부분이 문헌에서 직접적인 근거를 찾기가 어려운 전설이라고 해도 과언이 아니다. 19세기 후반에 중앙 권력에 의해 보부상이 동원되는 과정에서 그럴듯한 이야기가 여러 가지로 신화처럼 만들어진 것이라고 볼 수 있다. 고문서의 기록과 관찬 사서史書의 내용이 서로 연계되는 사례는 19세기 후반에 들어서야 비로소 나타나기 시작한다.

병인양요에 참전하여 포상을 받다

1866년에 프랑스 군대가 강화도를 침공하여 조선 군대와 격전을 벌인 사건이 병인양요이다. 대원군이 보부상을 동원하여 조선군을 지원하였는데, 「혜상공국서」에서는 "병인양요 때에는 강화도 군대로 달려갔으며"라고 했고,[92] 「완문」(1894)에서는 "고종께서 병인년에 강화도로 식량을 운반할 때 또한 군대를 뒤따랐다."라고 하였다.[93] 그러한 공적을 인정받아, 다음과 같이 보부청裸負廳의 설립을 맞게 되었다.

> 약 30년 전, 즉 고종 6년인 병인년에 프랑스 함대가 강화도에 상륙하자, 당시 섭정이던 대원군은 옛날의 사례를 본받아 사방에 격문을 보내 보부상들의 힘을 빌렸다. 이에 성과가 있었으며, 이후 보부청이 새로 서울에 설립되었고, 대원군의 장남 이재면李載冕이 해당 청의 업무를 총괄하며 전도全道의 보부상들이 모두 이에 속하게 되었다. 보부상의 세력은 다시 강성해졌다.[94]

여기에서 주목해야 할 부분은 두 곳이다. 하나는 대원군이 "옛날의 사례를 본받아 사방에 격문을 보내 보부상들의 힘을 빌렸다."라고 한 것이고, 다른 하나는 보부상의 세력이 '다시' 강성해졌다고 한 것이다. 전자는 보부상이 돌린 사발통문과 관계된 것인데, 뒤에서 다시 설명한다. 후자는 아마도 보부상의 세력이 태조 이성계 이후로 약화되었다가 다시 정부 권력과 관계를 맺게 되었음을 가리키고자 한 것으로 보인다. 병인양요에 보부상이 동원된 사실과 관련하여 기쿠지 겐죠는 다음과 같이 표현하였다.

> 대원군이 처음 섭정을 시작할 때, 우연히 프랑스 함대의 강화 포격이 있었고, 외국의 침략에 대응하기 위해 이 상단에 무기를 주어 상병단을 조직하고, 또한 경성 및 각 읍에서 가톨릭교도들의 잠입 단속 업무도 맡겼다. 대원군은 스스로 상리국 총재로서 상품의 전매 상민단을 이끌어 보호병단으로 변화시켰다.[95]

이처럼 병인양요 당시 보부상의 활약상은 조선인 및 일본인의 기술 자료에서 공히 확인된다. 보다 구체적으로 이들이 어떤 활약을 했는지에 대해서는 병인양요 이후에 포상을 하게 된 사건의 경과를 상세히 기술한 「한성부완문」(1868)을 통해 알 수 있다.[96]

「한성부완문」은 병인양요 때 외적을 물리치는 데 공헌한 오도두목五道頭目 도접장都接長 반수班首 왕민열王敏說, 도접장 강인학姜仁學, 도공원都公員 전득룡田得龍, 도공원 양천길梁千吉 등의 인물을 포상하기 위해 1868년에 한성부에서 발급한 문서이다. 그 내용을 보면, 왕민열은 등짐장수, 즉 부상負商의 도반수都班首였으며, 흥선대원군의 명에 따라 경기 곳곳의 무리를 이끌고 1866년 10월 2일에 정족산성에 가서 매복했으며, 외적이 물러간 뒤에도 진용을 갖추고

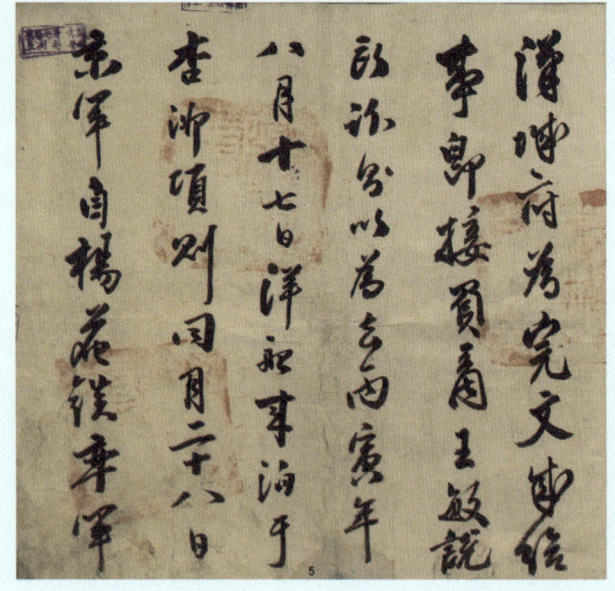

그림 15
「한성부완문」의 일부, 국회도서관 소장

대기하였다가 수일 후에 철수 명령에 따라 도성에 들어갔다.

그리 큰 공적은 아닌 듯해 보이지만, 명령에 따라 임무를 다했다는 점이 참작되어 왕민열 등 4명은 과거 합격에 준하는 혜택을 받았고,[97] 나머지 인원에게도 무명 2필과 돈 5냥의 포상이 주어졌다. 이러한 사실을 왕민열이 적어서 직접 청원하였으며, 한성부에서는 그러한 청원이 사실임을 확인하고, 일종의 공증公證으로서 완문을 발급해 준 것이다.

흥선대원군의 분부는 "팔도의 부상을 거느리고서 진에 나아가게 하라."라는 것이었지만, 실제로는 경기 지역의 수원水原, 세봉동世峰洞, 김양金養, 진위振威, 이천利川, 지평砥平, 양근楊根 등 7곳의 임소任所에서 모은 약 150명으로 군대를 구성한 것이었다. 현재 국회도서관에 수장되어 있는 이 문서의 취득 경위 및 관련 문서를 참작한다면, 경기 지역에 한정된 동원이었던 것으로 보이며, '오도두목'이었다고 하더라도 다섯 도道의 부상을 두루 불러 모은 것은 아니다.

『순무영등록巡撫營謄錄』에는 대원군이 왕민열 등의 부상負商을 동원하려 했을 때 발급한 차첩差帖이 등서謄書되어 있다.[98] 등록은 원본 문서를 베껴서 옮겨 적은 책자를 가리키며, 차첩은 임명장에 해당한다. 왕민열 등에게 발급한 차첩이 등서되어 있는 날짜는 1866년 9월 12일이며, 내용은 다음과 같다.

임명장 왕민열.

너를 부상 도반수로 임명하니 각근히 거행함이 마땅하다.

差帖 王敏悅

以汝矣身負商都班首差定爲去乎恪勤擧行宜當者

임명장 강인학.

너를 부상 도접장으로 임명하니 각근히 거행함이 마땅하다.

差帖 姜仁學

以汝矣身負商都接長差定爲去乎恪勤擧行宜當者

경복궁 중건에 물력과 인력을 동원하다

대원군은 왕실의 권위를 높이기 위해 1865~1868년간 경복궁을 중건하였다. 이 역사役事에는 수많은 인력이 동원되었으며, 상당한 자금도 투입되었다. 재원을 마련하고자 당백전當百錢이라는 대표적 악화惡貨를 발행하고, 원납전願納錢이라는 명목의 기부금을 강제로 징수하였음은 널리 알려진 사실이다. 보부상 역시 경복궁 중건에 일정 정도 기여하였으며, 인력과 물력의 동원이 병행되었다.[99]

인력 동원과 관련하여, 경복궁 중건에는 수많은 부상負商이 차출되었다. 이는 「혜상공국서」의 다음과 같은 기록을 통해 알 수 있다. 부역을 도맡아서 처리하였다는 것인데, 어디까지가 사실인지, 얼마나 동원되었는지를 분명히 알 수 있는 정보는 없고, 다소 과장된 표현이 섞여 있다고 볼 수도 있다. 하지만 과록科祿 형태의 포상까지 받았다면 상당한 기여를 했던 것이 아닐까 짐작된다.

> 경복궁을 중건할 때는 멀고 가까운 곳에서 부역하며 노래하고 북소리를 울렸다. 성화聖化가 미친 이때에 이르러서는 영소營所를 세우고 과록科祿을 내려서 팔역八域에 두루 전해졌으니 티끌 많은 세상에 삼생三生의 목숨을 다하고자 하여

도 국가에 하루의 은혜도 갚지 못했다.[100]

물력 동원과 관련하여, 경복궁 중건에 보부상의 부역만 동원된 것이 아니고, 자금의 기부도 있었던 것으로 확인된다. 『경복궁영건일기景福宮營建日記』의 1867년 9월 21일 자 기록에 따르면, 멀리 충청도에서도 저산칠읍苧産七邑의 포상布商 박영신朴永信 등이 200냥의 원납전을 기부하였다.[101] 박영신이라는 개인의 성명이 기재되어 있으나, 원납전이 박영신 개인 또는 몇몇 상인에게 할당되었다기보다는 저산칠읍의 상인 단체에 부과된 것으로 보아야 할 것이다.

박영신은 1850년에 비인庇仁 판교板橋에 살았던 상인인데,[102] 1848년, 1850년, 1854년, 1855년, 1859년, 1861년, 1867년에 접장接長을 맡았고, 1849년, 1851년, 1856년, 1860년, 1862년, 1868년에는 반수班首를 맡았던 인물이다. 원납전을 기부한 1867년에도 역시 접장으로서 단체를 대표하고 있었음을 알 수 있다.[103]

민비의 피난을 돕고 호위하다

1882년에 구식 군대의 하급 군인이 일으킨 반란인 임오군란과 관련해서도 보부상이 개입된 정황이 있다. 이와 관련한 기술로는 이능화의 다음 글이 대표적이다. 임오군란에 의해 민씨 정권이 위기를 맞이하자 부상이 군인들을 제압하기 위해 도성 내로 진입하려 했다는 소문이 있었다는 것이다.

> 임오 6월에는 오영五營 정병正兵의 급여가 몇 달간 밀려서 일반 군병들은 기아에 직면했으며, 결국 같은 달 중순에는 훈국訓局 정병이 선두가 되어 반란을 일으켰고, 이최응李最應·민겸호閔謙鎬·민창식閔昌植·김보현金輔鉉 등 권신權臣 4-5명이 격살格殺되었으며, 부상의 두령도 몇 명이 죽임을 당했다. 결국 궁중까지 침입하여 사태는 위급해졌고, 민비閔妃는 충주로 도망갔다. 당시 대원군은 정권을 장악하고 군란을 진정시켰으나, 군란 당시에 경성의 부상배負商輩는 마침내 성중에 돌입해 보복을 가할 것이라는 유언流言이 퍼졌고, 한때 큰 소동을 일으켰다. 오부五部의 백성은 모두 피난을 갔으며, 성중은 텅 비게 되었다.[104]

이 글에서는 부상이 자체적으로 나서서 군란에 개입하려 한 것처럼 되어 있으나, 황현의 『매천야록』에서는 이들 부상을 이끌고 성안으로 진입하려 한 자가 민영익이라는 유언비어가 있었음을 전하고 있다.

> 난병들을 저지하지 못하여 연일 소란이 계속되어 오다가 12일 갑자기 와언訛言이 있었다. 민영익閔泳翊이 동해 연안을 따라 강원·경기의 부상 수천 명을 이끌고 떼를 지어 동대문에 도착한다는 것이다. 도성이 온통 큰 난이 일어난 듯 요란하였다.[105]

이능화나 황현이 모두 유언流言 또는 와언訛言이라고 하였으므로, 실제로 부상 수천 명을 동원했다거나, 그들이 도성으로 진입했다거나, 민영익이 이끌었다거나 하는 것은 사실과 무관했던 것으로 보인다. 하지만 민씨 정권을 옹호하고 구식 군대에 보복을 가하고자 한 것이 부상 집단이 지향하는 바였음은 잠재적으로 널리 인식되고 있었다. 그렇기 때문에, 다시 집권하게 된 대원군에게는 위협적인 존재였다고 할 수 있다.

도성에 가서 군병을 진압하지는 않았으나, 임오군란과 관련하여 부상이 실행에 옮긴 것은 피신하는 민비를 호위하는 역할이었다. 이와 관련하여 시노부 준페이는 다음과 같이 소개하였다. 단월端月이라고 한 지명은 단월丹月이 아닌가 생각된다. 이 기술에는 약간의 오류가 있는데, 보부청이 바로 상리국으로 개편된 것은 아니며, 그 사이에 1883~1885년 간 운영되었던 혜상공국이 있었다.

> 임오년 7월에 경성에서 난이 일어나자, 민왕후 전하께서 충청도 단월端月로 피신하셨을 때, 보부상들이 이를 충실히 호위하였다. 이 사건 이후 보부상은 왕실의 의장대에 포함되기까지 하였다. 이어서 보부청은 상리국商理局으로 개편되었으며, 좌우의 통령統領이 설치되었다.[106]

이렇게 임오군란 당시에 민비의 피신과 호위에 도움을 준 것 외에는 부상이 그다지 활약을 하지 못했던 것으로 보이며, 오히려 부상 측의 피해가 컸다. 그와 같은 사정은 「혜상공국서」에 기술된 다음의 두 인용문을 통해 알 수 있다.

> 불행히도 지난 6월 임오군란 때 근거 없는 소문에 선동되어 죄가 없는데도 죽게 된 자가 수십 명입니다. 원통함을 호

소해도 뭇소리로 호소해도 다시 어찌하겠습니까? 스스로 사정을 돌아보면 아침에는 동쪽에 있으나 저녁에는 서쪽에 있으니 정처 없이 떠돌며 어지러워서 일일이 곡절을 밝힐 수 없고 생업을 편안히 여길 길이 없으니 어찌 삶을 즐기겠습니까?[107]

작년 임오군란에 이르러서도 오히려 차마 말하겠습니까? 호위하는 계획을 세우려 했으나 도리어 난류亂類의 꾐에 빠졌으니 원통함을 머금고 울적함이 쌓여서 몸을 굽히고 펴지 못했습니다. 그런데 어찌나 다행인지 임금께서 원통한 상황을 살펴주시고 특별히 귀속시키는 분부를 내려주셨으니, 저희는 기뻐서 춤을 추었고 잠시나마 품었던 죽고 싶던 마음이 없어졌습니다.[108]

동학란 진압에 기여

1894년에 봉기한 동학란東學亂의 진압과 관련하여, 보부상은 정부군을 도와 동학농민군을 토벌하는 데에 앞장선 것으로 알려져 있다. 보부상의 활약상으로는 크게 두 가지를 들 수 있다. 첫째는 사발통문과 보발으로 대표되는 연락망의 가동이었다. 그와 관련하여 와타나베 타카지로의 조사 결과가 전해지고 있으며, 젠쇼 에이스케도 유사한 글을 남겼다.

> 과거 동학당이 공주에서 일어난 때에도 정부는 상인들을 이용해 명령을 전파했으며, 당시의 단원들의 활동은 정말로 민첩하게 진행되었다. 그들은 사방에 전령을 배치하고, 경성에서 공주까지 일본 거리로 30여 리의 거리도 사람이 전봇대처럼 배치되어, 오는 자와 가는 자들이 화살처럼 빠르게 오고 갔다. 한 번 지나가면 불과 7시간 만에 전해졌다.[109]

> 동학당의 난이 일어났을 때, 당시 무력한 정부는 부보상을 이용해 전령을 맡겼다. 그들의 활동은 매우 눈에 띄었고, 4-5리마다 단원들을 배치하여, 서울에서 공주까지 30리(약

120km) 구간에 마치 인간 전신주처럼 배치하여, 오는 사람과 가는 사람을 즉시 전달할 수 있도록 하였다. 이들은 불과 몇 시간 만에 30리 구간의 소식을 전할 수 있었으며, 이는 매우 효율적이고 신속한 통신 체계였다.[110]

이러한 공적은 부상 스스로도 인정하고 있었으며, 1897년에 남긴 「절목」에서 다음과 같은 내용이 확인된다.

> 지난 갑오·을미 두 해에 동학의 무리들[東徒非類輩]이 창궐할 때 통신을 보발(步撥)하는 일을 한결같이 근면하게 거행하였으니 그 충성을 다한 의로움을 어찌 생각하지 않을 수 있겠는가?[111]

둘째는 실제로 전투에 참여하여 동학농민군을 토벌하는 등의 공적을 세운 경우였다. 동학농민군을 해산시키고 그 세력을 꺾은 것이 부상 무리 자신의 공적이었음을 다음과 같이 스스로 내세우고 있다.

> 1894년에 이르러 동학 변란(甲午東擾)이 창궐했을 때 그 무리를 해산시키고 그 세력을 꺾은 것 또한 부상의 공적이다.

> 조정에 있는 관료들 가운데 누가 그 공로를 가상하게 여기
> 지 않겠으며, 그 의리에 감복하지 않겠는가?[112]

　동학농민군 토벌과 관련해서는 부상뿐만 아니라 보상의 활약도 있었으며, 김사언金士彦의 사례가 대표적이다. 당시에는 접장으로서 저산팔읍의 보상 단체를 이끌고 있었던 인물이다. 명단인 『청금록青衿錄』에 김사안金士安으로 기재되기도 하였으나, 동일 인물로 추정되며, 서기書記(1888~1889), 본방本房(1891), 명사장明查長(1892), 부접장副接長(1893), 접장接長(1894), 반수班首(1896~1897) 등의 직책을 역임하였다. 다음은 「신영 총병장 위물금사」의 일부이다.

> 지금 이 비류匪類를 잡아들이는 때에 보상 김사언 등이 여
> 러 차례 맞붙어 싸워서 많은 공로를 세웠으니, 그 본래의 일
> 을 생각하면 매우 가상하다.[113]

　부상의 공적과 충성심에 대해 치하하며 포상을 한 사례도 있었는데, 「완문」(1894)에 다음과 같은 구체적인 내용이 기술되어 있다. 포상을 받은 자들은 엄순영嚴順榮, 송학헌宋鶴憲, 김명구金明求, 최해승崔海昇 등 100여 명이었다.

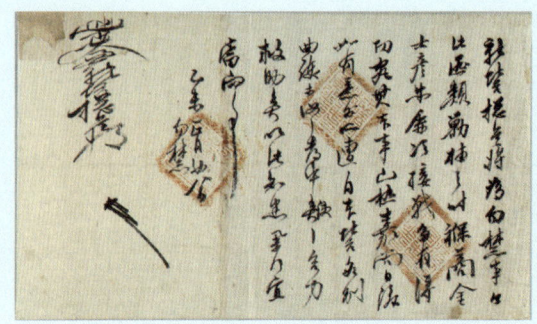

그림 16
「신영 총병장 위물금사」,
국립부여박물관 소장

지난번 호남에서 동학 무리[匪類]가 난을 일으킬 때 군대를 뒤따라 전쟁 중에 사망한 자가 또한 많았으며 식량을 운반함에 군대를 뒤따른 것도 한결같았으니 감탄함을 이길 수 있겠는가? 상영上營에서 동전 500냥, 큰 소 1마리로 노고를 보상해 주었으니 지금까지 부상의 충성스럽고 정의로운 마음은 "하늘에 부끄러움이 없고 사람에게 부끄럽지 않다."라고 할만하다.[114]

이른바 동학의 무리들이 호남과 호서에 창궐하여 이민吏民을 해치고 장차 후환이 커질 근심이 생겼다. 이 때문에 재주 없는 나를 부성군富城郡(서산)에 임명하여 동학 무리를 토벌하고 백성을 안정시키게 하였다. 내가 병사를 거느리고 호서에 이르러 동학 무리를 토벌하여 백성을 도탄에서 구한 것이 이때이다. 부상 엄순영·송학헌·김명구·최해승 등이 그 동료 100여 명을 이끌고 지역의 경계에서 영접하였으며 군병을 보좌하고 영현營縣을 직접 찾아가서 적의 실정을 모두 알았다. 추위와 굶주림을 싫어하지 않았고 어떤 어려움도 피하지 않았다.[115]

「충청도비인임소청금록」(1881)에 따르면, 엄순영嚴順榮은 보령保寧에 거주하는 자였고,[116] 때로는 엄순영嚴順永 또는 엄순룡嚴順龍으로 표기되기도 하였으나, 모두 동일 인물로 추정된다. 일찍부터 부상의 임방에 소속되어 도집사都執事(1887), 별공원別公員(1889), 도공원都公員(1889~1890), 반수班首(1894~1897), 부영위副領位, 영위領位(1903)에 이르기까지 주요 직책을 두루 맡은 바 있다.[117] 1895년에 반수를 '재임再任'한 것으로 보아, 동학란을 진압한 당시에도 반수였던 것으로 보인다. 나머지 인물의 경우, 1894년 당시에 송학헌은 접장, 최해승은 공원, 김명구는 서기였다.[118]

동학농민군의 토벌과 관련해서는 현존하는 비석碑石에도 주목할 필요가 있다. 모두 당시의 홍주목사 이승우李勝宇를 도와서 전공을 세운 사례이다. 우선 충청남도 홍성군의 광천읍廣川邑 옹암리甕岩里

에는 1896년에 세운 「증군무참의김공병돈유공지비贈軍務參議金公秉暾有功之碑」가 있다. 뒷면에는 '부상감의비負商感義碑'라고 되어 있고, 측면에는 비석의 건립 일시와 22명의 명단이 기록되어 있다.[119] 비문을 쓴 이설李偰의 문집인 『복암집復菴集』에도 「증군무참의김군병돈기적비명贈軍務參議金君秉暾紀績碑銘 병서幷序」라는 제목으로 같은 내용이 수록되어 있다.[120] 비문의 핵심 내용은 다음과 같이 요약할 수 있다.

> 광산 김씨로 홍주에 거주하던 김병돈金秉暾은 토포영討捕營에서 병교兵校가 되었고 얼마 지나지 않아 무과에 급제하였다. 동학란 때 호연초토사湖沿招討使 이승우李勝宇가 홍주목사로 부임하였을 때, 김병돈은 중군영관中軍領官으로서 출정해 동학군을 여러 차례 격파하며 큰 전공을 세웠다. 그러나 예산 신례원에서 적에 포위되어 10월 26일에 전사하고 말았다. 동학란이 평정된 후 초토사가 그의 전공을 칭송하며 조정에도 알려, 김병돈은 군무참의軍務參議로 추증되었다.
> 비문에서는 김병돈이 일찍이 부상에 들어가 반수가 되어 동학란 때 부상의 힘을 얻어 전공을 세울 수 있었다는 점을 강조하였다. 또, 동학군에 참여한 농민이나 사대부와 달리

동학군과 싸웠던 상인의 행적을 높이 평가하며, 초토사가
김병돈을 위해 쓴 시를 옮겨 적었다.[121]

김병돈과 관련하여, 같은 해인 1896년에 세운 「증군무참의김공병돈충절전망비贈軍務參議金公秉暾忠節戰亡碑」가 충청남도 서산시 해미면의 여숫골 순교성지에 있는데, 측면에 '태안부상접장泰安負商接長 정인우鄭寅愚 본방本房 박추朴樞 근기謹記'라고 새겨져 있다.

또 하나의 비석은 충청남도 보령시의 주산면 창암리에서 발견된 「전중추원의관은홍산우지사공사원최돈욱기공비前中樞院議官殷鴻山右支社公事員崔燉郁紀功碑」인데, 1902년에 건립된 것으로서, "남포현 지역의 유림이며 은홍산우지사의 공사원이었던 최돈욱崔燉郁(1842~1910)이 시장을 관리하며 정직한 상거래를 주도하고 동학란이 일어나자 동학도를 회유하고 유회군을 조직해 남포 지역의 동학군을 물리치는 데 공을 세워 홍주목사 이승우로부터 포상을 받았으니 길이 그 공을 전하자."라는 내용을 담고 있다고 한다.[122] 최돈욱崔燉郁은 『청금록』에 최돈욱崔燉旭이라고 기재되기도 했으며, 1894년 당시에 접장接長이었고, 이후로 영위領位(1895~1896), 시영위時領位(1897~1899) 등의 직책을 맡은 인물이다.

독립협회 탄압

정치 권력과 관련하여 보부상이 대규모로 동원된 대표적 사례는 바로 독립협회獨立協會 해산 사건이었다. 1896년에 설립된 독립협회가 1898년에 만민공동회萬民共同會를 조직하고 연일 대중 집회를 개최하였는데, 그 해 10~11월에 만민공동회를 습격하거나 폭력을 행사하는 데 동원된 자들은 대개 황국협회皇國協會 소속의 보부상이었다. 이러한 폭력 사태를 구실로 하여, 같은 해 12월에 고종의 명령에 따라 독립협회는 강제로 해산되었다. 이러한 역사적 사건과 관련하여, 시노부 준페이는 다음과 같이 상세한 기술을 남긴 바 있다.

> 정세는 점점 긴박해졌고, 정국의 흐름은 점차 저기압 상태를 보이기 시작했다. 이 와중에 예상대로 보상과 부상이 속속 서울로 입성하기 시작했으며, 그 수는 3천에서 4천 명에 이르렀다고 한다. 지식인들은 은밀히 서울의 평화를 염려하고 있는 가운데, 보부상은 하나의 집단으로 모여들어 상리국商理局 재건을 요구하는 청원을 내세우며 대규모 시위를 시작했다. 무장한 수천 명의 무뢰한들은 이 청원을 들고 농상공부農商工部에 몰려들었고, 예상대로 그들의 요구는

바로 채택되었다. 여기까지 오자 그들은 바로 방향을 틀어 만민공동회를 공격하기 시작했다. 보부상은 만민공동회를 황제의 명령에 반항하는 반역자이자, 충군애국의 정신에 위배되는 집단이라고 규탄했다.

11월 21일 오전 10시쯤, 수천 명의 보부상 집단은 서대문 밖에서 대열을 정비하고, 모두 길이 한 자(약 30cm) 남짓한 곤봉을 들고 거센 기세로 인화문(仁化門) 앞으로 몰려들었다. 이들은 함성을 외치며 갑작스레 만민공동회 회원들에게 폭력적인 공격을 가했다. 사건은 급작스럽게 발생하였고, 맨손인 만민공동회 회원들은 방어하려 했으나 당연히 효과가 있을 리 없었다. 그 결과 비명과 고통의 외침이 울려 퍼졌고, 부상자와 사망자가 속출해 참혹한 광경이 펼쳐졌다. 만민공동회 회원들은 어쩔 수 없이 한때 왜장대(倭將臺)까지 후퇴했지만, 모두가 뼛속 깊이 유감이 사무친 듯 잠시 후 다시 성내의 주요 지점에 동지들을 보내며 눈물을 흘리며 대중에게 호소했다. 그 결과, 다시 민중을 규합하려는 노력은 다소 효과를 보아 서울 시내 다수의 시민들의 동정을 얻었고, 세력을 회복할 수 있었다. 이에 만민공동회는 서대문 밖에 집결한 보부상 집단에 맞서 그날 저녁 복수의 반격을 시도 했다. 양측은 돌을 던지며 약 30분간 격렬하게 싸웠고, 결국 만민공동회 측이 승리하여 종로로 개선凱旋했다.

하지만 앞으로의 정세가 어떻게 전개될지는 내외국인 모두가 주목하는 바였고, 황제 또한 이 정세에 깊이 걱정하시어, 갑자기 각국의 사신들을 궁으로 소환하여 혼란에 대한 대책을 논의하였다. 그날 밤 내각의 교체가 이루어졌고, 민영환閔泳煥이 의정議政에, 박정양朴定陽이 내부대신에, 서정순徐正淳과 이건승李健勝이 의정부 참정에 임명되었다. 또한 조선 정부는 만민공동회와 화해를 시도하며, 보부상에게는 집단을 해체하고 지방으로 돌아갈 것을 명령했다.

그러나 보부상 집단은 서둘러 성외 약 4km 떨어진 마포로 일단 후퇴했을 뿐이며, 다음날인 22일에는 대열을 정비하고 다시 만민공동회 측에 대대적인 반격을 준비했다. 오후 2시쯤 이들은 하나의 계략을 세워 만민공동회 측을 남대문 밖으로 유인했다. 만민공동회 측은 이를 알아채지 못한 채 공격적인 태도를 취하며 나섰으나, 보부상 집단의 유인책에 걸려 크게 패배하고 다수의 사상자를 냈다. 그러나 이들은 부상자들을 돌볼 겨를도 없이 서둘러 성안으로 도망쳤다. 보부상 집단은 이 기회를 놓치지 않고 성안으로 돌입하려 했으나, 이때 이미 궁중에서 명령이 내려와 성문이 모두 굳게 닫혔기 때문에 그들의 시도는 실패로 끝났고, 다시 마포로 퇴각하였다.[123]

기구치 겐죠는 이러한 독립협회 탄압 사건을 짧은 글로 정리하였는데, 다음과 같이 요약한 바 있다.

> 광무 6년 독립협회가 정치 조직이 되어 학생들과 청년들이 회원을 결속시키고 개혁을 외쳤으며, 혁명적 운동이 점차 정부를 압도하고 왕궁으로 세력을 확장하자, 왕궁의 정치가들은 이 상단을 이용하고, 이기동李基東, 고영근高永根, 길영수吉永洙 등을 초치하였다. 황국협회를 칭하고, 결국 독립협회와 대립하며 경성의 문밖과 문 안에서 대립하며 싸움을 벌였다. 이 싸움은 민중과 민중, 단체와 단체의 싸움이 되었고, 한때 경성을 완전히 암흑 속에 묻어버리려 했다.[124]

한 가지 흥미로운 점은 위와 같은 일본인의 기술 외에 보상 단체 또는 부상 단체가 직접 남긴 현존 기록 중에서 독립협회에 관한 내용을 전혀 찾아볼 수가 없다는 점이다. 독립협회뿐만 아니라 보부상이 가담했다고 알려진 황국협회에 관한 내용도 보이지 않는다.[125] 앞서 살펴본 다양한 정치적·군사적 사건에 보상·부상이 개입하였음이 곳곳에 기록되어 있는 것과는 사뭇 대조적이라고 하지 않을 수 없다.

5

신화 속의 영웅

앞서 살펴본 보부상의 전설에서 등장한 인물 중에서 단연 돋보이는 독보적인 존재는 역시 백달원白達元이다. 그는 보부상 전설의 정점에 있는 인물이면서, 이제는 거의 신화가 되어버린, 희대의 영웅이다. 백달원의 생졸년은 확인되지 않으며, 실존 인물인지에 대한 명확한 근거도 찾을 수 없다. 전해져 내려오는 이야기에 따르면, 백달원은 여말선초麗末鮮初의 등짐장수負商이고, 황해도 토산兎山 지역에서 활동한 인물로서, 부상負商의 시조始祖라고 알려져 있다. 하지만 일반적으로 백달원이 '보부상'의 시조라고 하는 것은 적합한 표현이라고 보기 어려운데, '부상'의 시조일 수는 있겠으나, '보상'의 시조라고 할 수는 없기 때문이다.

5. 신화 속의 영웅

백달원 전설의 기록

조선 말기 이래로 생산된 보부상 관련 각종 유물 및 자료에서 백달원이 시조 격으로 추앙되고 있으며, 대표적인 사례가 예덕상무사의 「선생안」이다. 예덕상무사의 「선생안」은 1851년에 접장接長을 지낸 김상렬金相烈로부터 시작하여 해방 이후까지 이어지는 접장 역임자의 명단이다. 전체 명단의 맨 앞에 "두목頭目 백토산白兎山 달원씨達元氏"라고 적어 둔 것이 눈에 띄는데,[126] 백달원이 예덕상무사의 접장을 역임한 바가 없었다는 점을 감안하면, 예덕상무사라는 단체가 상징적으로 백달원을 계승하려 하였음을 보여주는 사례라고 하겠다.

예덕상무사의 「선생안」이 최초로 작성된 시기는 1888년인데, 그렇다면 19세기 말의 시점에 예산·덕산·면천·당진 지역의 행상 단체가 실제로 백달원을 시조로 섬겼던 것일까? 여기에는 몇 가지 의문이 있다. 첫째, 예덕상무사의 「선생안」이 처음 작성된 것은 1888년이었지만, 이후의 1929년에 추기追記된 바 있고, 현존하는 「선생안」은 추기된 내용을 포괄하는 것일 뿐만 아니라, 해방 이후까지 여러 차례 가필加筆된 것이다. 둘째, 예산·덕산·면천·당진 지역의 행상 단체로는 부상의 조직과 보상의 조직이 있었던 것으로 확인되지만, 현

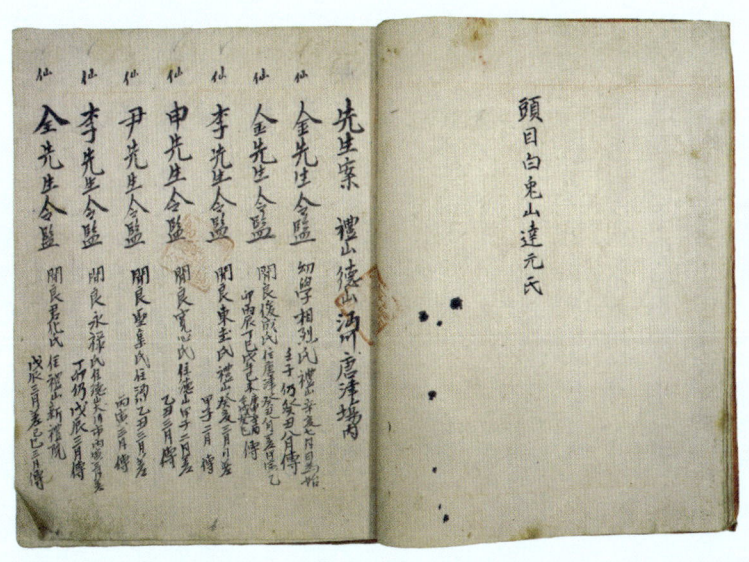

그림 17
예덕상무사 「선생안」의 일부, 예산보부상박물관 소장

존하는 「선생안」의 접장 명단은 보상의 조직에 관한 것이다.

셋째, "두목 백토산 달원씨"라는 표현은 해당 문구 이외에는 공백인 면面에, 즉 자료의 중간에 독립적으로 기재되어 있으며, 실제로 언제 쓰여진 것인지 알 수 없고, 사후에 끼워 넣은 내용이라고 볼 수도 있다. 넷째, 예덕상무사에서 사용된 직책 중에서 '두목'은 없었으며, 아주 후대로 내려와서 '두령'이라는 표현이 사용된 적은 있다.

이상의 의문을 종합적으로 고려한다면, 보상의 단체인 예덕상무사에서 부상의 시조인 백달원을 시조로 내세웠던 것이 19세기 말의 시점은 아니었으리라는 추론이 가능하다. 그렇다면 보상과 부상이 하나의 단체로 통합되어 관리되기 시작한 뒤의 어느 시기에 이르러서 백달원에 관한 내용을 적어 넣은 것이라고 보는 편이 타당할 것이다.

  19세기 말에 보상의 개인이나 단체가 스스로 작성한 문건이 전승되고 있는 여러 지역 중에서 백달원의 사례가 명기된 경우를 찾아보기는 쉽지 않다. 저산팔읍, 원홍주육군, 창녕 등 현재까지 알려진 대표적 지역의 자료에서 백달원이 언급된 사례는 확인되지 않는다. 또한, 더욱 흥미로운 사실은, 보상과 부상을 하나로 묶어서 관리한 이래로 운영된 대표적 기관인 혜상공국이나 상리국에서 만든 문헌에서도 백달원이라는 이름 석 자가 전혀 등장하지 않는다는 점이다.[127]

  단체의 공식 문건에서 백달원을 최초로 언급한 사례는 「부보상본부장정負褓商本部章程」에서 찾을 수 있다. 이 장정은 연세대학교 도서관 국학자료실에 소장되어 있으며, 1911년에 작성된 것이다.

> 부보상負褓商의 기원은 조선 국초부터로, 발가산發佳山 임방任房의 백달원白達元 공公이 효시가 되니, 유래한 지 5백여 년간 그 영업이란 것은 지게와 보자기로 싸서 등에 지고 행상하는 것이며, 그 생활이란 처자를 이끌고 길 위를 정처 없

이 떠돌며 고된 일을 부지런히 하여 먹이는 것이다. 그 목적은 국가를 받들고 임금을 섬기며, 동무를 아끼고 구휼하며 장사 일로 생활하는 것이다.[128]

이처럼 「부보상본부장정」에서 부보상의 기원을 백달원이라고 명시하였으나, 그 시기는 1899년에 설립된 상무사商務社가 폐지되고서도 상당 기관이 경과한 후이며, 대한제국이 일본의 지배하에 들어가 버린 시점에 해당한다. 이후로는 백달원을 시조로 추앙하는 것이 일반화된 것으로 추정되는데, 그 이유는 1936년 자료인 「동아상무조합정관」에 백달원이 등장하고 있기 때문이다.

어찌나 다행인지 고故 백토산白兎山 달원達元[129] 선생이 힘써 생각하시어, 준령浚嶺에서 휘파람 불고 도로에서 방황하는 쇠잔하고 피폐하며 의지할 데 없는 자를 불러 모아 지도하셨으니 이름하여 부보상負褓商이라 하였다. 산과 바다의 생산물, 노루어금니[獐牙]와 토끼대가리[兎頭], 도시에 구름처럼 펼쳐진 물건은 상민이 매매하지 않음이 없었으며, 사해四海의 상민은 형제가 아님이 없으므로 성씨가 서로 같지 않으나 의리는 혈육의 정과 같았다. 동문 사이에 왕래하며 있으나 없으나 서로 도왔으며, 병들면 돕고 죽으면 장례 지내며 서로 아끼고 화목하였다. 예의 바른 기강과 친절한 마음이 팔도 전역에 울려 퍼져 사람들에게 가치 있는 역사로 비추어졌으며, 조선 5백여 년에 그치지 않아 오늘에 이르기까지 이어지고 전해졌다. 오직 우리 상무 형제들의 노력과 충심을 일찍이 경탄하지 않은 적이 없었다.[130]

「부보상본부장정」과 「동아상무조합정관」에서 공통적으로 확인되는 문제점은 백달원이 활동하던 당시에 마치 부보상負褓商이라는 용어가 있었던 것처럼 오해될 소지가 있다는 점이다. 부보상 또는 보부상이라는 표현은 정부가 보상과 부상을 묶어서 관리하게 된 한 말에나 등장하는 것이고, 백달원 자신도 부보상이나 보부상이라는 말은 들어보지도 못했을 것이기 때문이다.

백초산은 백토산의 와전

백달원에 관한 전설은 20세기에 들어서 이렇게 형성되고 확산되었다. 그런데, 어떤 이유에서인지, 백달원에 관한 정보가 다소 잘못 전승된 사례도 확인되고 있다. 바로 경북 고령 지역의 사례인데, 고령의 「선생안」에 백달원을 백초산白楚山이라고 표현하고 있다. 일반적으로 백달원의 출신 지역인 토산을 따서 백토산白兎山이라고 표현하는 것과 대조적인데, 그 내용은 오히려 무척 상세하며, 다음과 같이 두 군데에 기재되어 있다.

> 부상負商의 명칭은 그 유래가 매우 오래되었다.
> 옛날 남한산성南漢山城의 일로 공공도로가 막혀 임금의 물품 보급이 이어지지 않았을 때 백초산白楚山이라 하는 자가 있었는데, 살고 있는 땅의 이름으로 서로 불러 초산楚山이라 한다고 하였다. 부상負商으로서 분격하여 자신을 돌보지 않고 나라에 대한 충성과 의리를 떨쳤으니, 그 무리를 이끌고 쌀을 등에 짊어지고서 임금께 올리는 물품을 공급하였다. 아! 장하도다. 이 어찌 마음에 보존하는 바가 없으면서 이와 같이 할 수 있었겠는가?

변란이 안정되자 임금께서 그의 공적을 특별히 가상하게 여기시어 그 원하는 바를 물어 부응하고자 하였으니, 이때에서야 어떤 벼슬인들 못하겠으며, 어떤 요구인들 응하지 않았겠는가? 임금께서 물으시는 때에 이르러 다만 병든 이를 구하고 죽은 이를 돌보아주는 일을 일부 의무로 삼게 하고 다른 영화로운 일은 하나도 괘념치 않았으니, 이 사람은 따뜻한 본성을 가진 남자요, 세속에서 이익만 추구하는 무리들이 비교하여 논할 수 있는 자가 아니었다.

임금께서 이미 그의 공적을 기특하게 여기시고 그의 뜻을 가상하게 여기시어, 그가 의지하는 지팡이의 머리 부분에 어인御印을 찍고 인장 아래에 '왕王' 자를 새겨서 그의 의리를 표창하고, 그가 원하는 대로 써서 공문公文 1통을 주셨다. 아! 신분은 부상이면서 왕조의 은혜를 입음이 이와 같으니, 진실로 오랫동안 변치 않을 일이로다.

초산楚山은 이 인장·지팡이·공문을 받들어 나라 안 곳곳을 두루 다니면서 병든 자는 구제하고 죽은 자는 돌보아주었으니, 우뚝하였다. 부상들의 일부가 공안公案을 차례로 주고받으며 백세토록 서로 지킬 것을 맹세하였다. 전해진 지 몇 년 받들지 않다가 화재를 당하여 공문과 인장 지팡이가 모두 불 속에 들어가고 말았다. 그 사람은 비록 남아 있으나, 그 문서는 없어졌다고 하니 매우 안타깝도다.

그러나 부상 가운데서 다시 약속을 정하고 옛 규칙을 수습하여 이에 따라 서로 지키니, 지팡이와 공문이 이미 재로 변했다고 여겨 이를 잊지 않고 한결같이 초산이 남긴 법을 준수하여 구휼하는 방책에 소홀하지 않았다.[131]

백초산白楚山

옛날 남한산성의 일로 공공도로가 막혀 임금의 물품 보급이 이어지지 않았을 때 부상들이 떨치고 일어나 자신을 돌보지 않고 나라에 대한 충성과 의리로 격발되어, 그 무리를 이끌고 쌀을 등에 짊어지고서 임금께 올리는 물품을 공급하였다. 변란이 안정되자 임금께서 그의 공적을 특별히 가상하게 여기시어 그 원하는 바에 부응하고자 하였으나, 임금께서 물으셨을 때 다만 병든 이를 구하고 죽은 이를 돌보아주는 것을 의무로 삼고 영화로운 일은 하나도 패념치 않았다. 임금께서 또 그의 뜻을 가상하게 여기시어 그가 의지하는 지팡이의 머리 부분에 어인御印을 찍고 인장 아래에 '왕王' 자를 새기셨으며, 공문 1장을 써주셨다. 나라에서 의리를 표창하고 내려주시는 은혜를 입음이 이와 같았다. 인장, 지팡이와 공문을 받들어 전국을 두루 돌아다니면서 병든 이를 구하고 죽은 이를 돌보아주었다. 지팡이의 일은 본받지 못했으나, 우뚝하게 부상의 어른이 되었으니 오랫동안 변치 않을 것이다.[132]

인용문 중의 전자는 서문序文에 기재된 내용의 일부이며, 후자는 「선생안」의 명단 앞부분에 기재된 내용이다. 고령의 「선생안」에서 맨 앞에 기재된 인물은 반수 유진교俞鎭敎와 접장 빈우일賓隅日이며, 이들이 해당 직책을 맡은 시기는 1866년이지만, 이러한 기록이 19세기 후반에 이루어진 것은 아니며, 서문의 작성을 포함하여 1914년에 김재동金在東에 의해 기재된 것이다. 즉, 고령의 「선생안」에 기재된 백초산에 관한 기록도 20세기에 이루어진 것이며, 19세기 당대인에 의한 것은 아니었다.

전체 맥락을 고려할 때, 고령의 「선생안」에 기재된 백초산이 백토산, 즉 백달원을 가리키는 것은 분명하다. 하지만 백달원은 조선 건국 초기의 인물이며, 조선 후기의 병자호란 시기에 있었던 남한산성의 일화에 관계된 인물은 아니다. 따라서 고령의 「선생안」에서 병자호란 때 백초산이 청나라 군대에 의해 포위된 남한산성에 물품

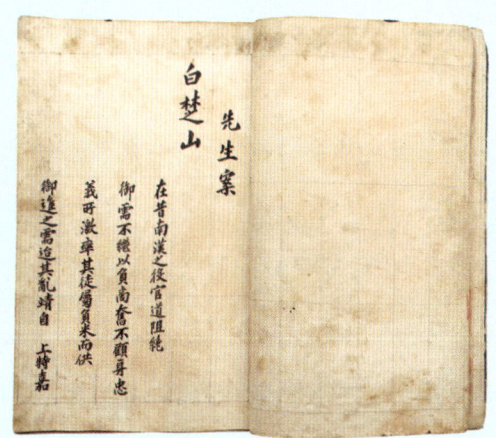

그림 18
고령 「선생안」의 일부,
대가야박물관 소장

을 공급해 임금으로부터 공적을 인정받았다고 하는 기술은 명백한 오류, 또는 와전訛傳이라고 할 수 있다. 앞에서 자세히 소개한, 병자호란 때 부상이 남한산성에 물품을 공급하며 활약한 일화와 백달원이 태조 이성계에게서 포상을 받은 (즉, 지팡이를 하사하고 공문을 내려 준) 전설을 뒤섞어서 기술하는 과정에서, 황해도 토산을 평안도 초산으로 바꾸어 놓은 것으로 보인다.

고령에서는 「반수선생안」에도 유진교 앞에 백초산을 기재해 두었다. 어쩌면 해당 지역의 상인들에게 백초산이 백토산이나 백달원과 동일인지 아닌지의 여부는 중요한 문제가 아니었을 수도 있다. 하지만 백달원의 상징성에 기대고자 한 것은 분명하며, 국가를

5. 신화 속의 영웅

위해서 뭔가 큰 기여를 한 사람의 뒤를 이어서 단체를 꾸리고 활동을 영위하고 있다는 점을 스스로 강하게 의식하고 있었던 것이다.

전설이 입에서 입으로 떠돌며 옮겨지는 과정에서 잘못 전달되거나 과대 포장되는 사례는 흔히 있는 일이다. 백달원과 관련된 후대의 기록만 보더라도 그런 실례가 쉽게 확인된다. 앞에서 소개한 바와 같이, 태조 이성계가 안변 석왕사를 건립하려 하였을 당시, 삼척에서 오백나한의 불체를 이안하는 과정에 백달원이 도움을 주었다는 전설이 있는데, 그가 인솔한 인원의 숫자가 여러 기록에서 제각각이다.

『조선일보』 1920년 6월 12일 자의 기사에는 부하 500명을 인솔하였다고 되어 있으며,[133] 기구치 겐조의 1931년 저술에서는 80여 명이라고 되어 있고,[134] 차상찬의 1947년 저술에서는 백달원이 장정 800명을 인솔하여 짧은 시간에 운반했다고 하였으나,[135] 유자후의 1948년 저술에서도 백달원이 80여 명의 두목으로 있었다고 되어 있다.[136] 적게는 80명부터 많게는 800명까지 꽤나 큰 편차가 있는 수치가 확인되는 것이다. 또한 이러한 2차 자료의 기록이 도대체 어떤 원전原典에 근거하고 있는지 분명히 적시한 사례도 찾아보기 어렵다. 그야말로 구전과 전설에 입각한 제설諸說이라고 할 수밖에 없다.

여기까지의 논의를 정리해 보면, 주로 좌사, 즉 부상 관련 단체의 기록에서 백달원을 시조로 숭상하였으며, 나중에는 보상 관련 단체에서도 마찬가지였다고 할 수 있다. 그리고 그러한 내용을 기록한 자료는 모두 20세기에 작성 또는 간행된 것이고, 19세기에 어떠했는지 알 수 있는 정보를 찾아보기는 어렵다. 또한 전설이 전파되고 기술되는 과정에서 잘못 전달되거나 과장되는 등의 오류를 낳기도 했다.

◈ 나오는 말

　조선시대 행상의 역사는 몇 가지 단계를 거치며 흘러 왔다. 19세기 초까지는 단체를 구성하지 않은 채로 개별 상인이 활동하였다면, 19세기 중엽부터 몇몇 지역에서 조직이 형성되었다. 19세기 후반에는 중앙 정부의 관할 하에 들어가 인력과 물력이 동원되었고, 19세기 말인 1899년에는 상무사 설립으로 전국적 규모의 민간단체를 구성하였다. 20세기 들어 상무사는 얼마 가지 않아 폐지되었는데, 그 뒤로도 각지의 단체는 존속되었고 상무사라는 이름을 계속 사용하였다.

　이러한 역사 속에서 보부상이나 부보상으로 통칭할 만한 대상이 존속한 시기는 길지 않다. 고대부터 좌고나 행상이라고 했고, 조선 말기에는 보상 또는 부상이라고 했다. 보부상이나 부보상이라는 용어는 19세기 말에 새롭게 만들어진 신조어이고, 상무사 설립 이후에 고착화되어 현재까지 사용되고 있다.

　장돌뱅이의 전설과 영웅담은 그들이 정부의 통제하에 들어가 전국적으로 동원된 시기 또는 그 뒤에 양산된 것이다. 또한 그 전설이 재생산되면서 보부상이나 부보상이라는 용어도 만들어졌다. 보부상이라는 용어 자체가 전설의 산물인 것이다.

  장돌뱅이의 전설적 활약은 대부분 상업과 무관한 것이었으며, 충성과 의리를 실천한 사례였다. 또한 그 성격은 단체와 사회를 위한 것이라기보다는 국가와 지배 세력의 옹호를 위한 것이었다. 역사의 주요 장면에서 보부상이 활약했다는 것은 작위적인 서사일 수밖에 없기에 전설에 해당한다. 부상負商이 활약한 당위성은 그들이 짐을 지고 다니는 기능에 특화된 존재였다는 점 외에는 연결 고리를 찾기 어렵다.

  이 책에서는 보상이나 부상의 단체가 남긴 각종 기록을 살펴 보고, 일본인 역사가의 보고나 기록을 검토하였으며, 유자후를 비롯한 한국인 역사가의 저술까지 들여다보았다. 보부상의 역사가 언제까지 소급되는 것인지, 어디까지가 전설이고 어디까지가 사실인지 분명히 알기 어려운 내용이 많다. 시기를 특정하기 어려운 주장, 근거를 찾기 어려운 가설도 적지 않다. 엄밀하게 고증한다거나 근거를 제시한 사례를 찾아보기가 쉽지 않은 것이다.

  하지만 그들의 전설과 영웅담은 끊임없이 재생산되었고, 세간의 이목을 끌어왔다. 그 이유라면, 재부를 축적하지 못한 하층 상인이었고, 신분의 피라미드 구조를 맨 밑에서 떠받친 미천한 존재였지만, 국가의 부름에 응하며 묵묵히 지고 날랐으며, 충성과 의리라는 대의명분하에서 때로는 폭력의 행사도 서슴지 않았던 집단이었기 때문이 아닐까?

한편으로는 지배 야욕을 가지고 접근한 일본인에게 경계와 관심의 대상이었을 것이고, 다른 한편으로는 새로운 세상을 맞이하여 유교적 이데올로기까지 갖춘 온전한 인격체로 대우받고자 하는 상승 욕구가 발현된 결과일 것이다. 그래서 그들의 전설에는 충의가 중심이 되었고, 국왕과 연결된 고리가 항상 포착된다.

이 책에서는 문헌에 입각하여 전설과 역사를 구분하는 방식으로 접근하였다. 이제 생활사 연구를 위한 전제 조건이 어느 정도 마련된 셈이다. 행상에 관한 이야기는 구전으로도 접할 수 있으며, 이는 역사학보다는 민속학의 연구 대상이다. 생활사총서의 전체 취지를 생각한다면, 전설과 역사에 대한 탐구보다는 민담이나 속담 등을 두루 살피는 것이 필요할 수도 있다. 하지만 그것을 생활의 역사라고 할 수는 없다. 떠돌며 흘러온 이야기가 역사를 만드는 것은 아니기 때문이다.

주석

1. 전설과 역사를 찾아서

1 일부 연구에서 '시노부 준페이'를 '노부오 준페이'로 소개한 것은 오류이다.
2 '일호천소'가 어떤 인물인지에 대해서는 명확하지 않다. 『도천시고盜泉詩稿』의 제3권[卷之三]에 수록된 「경중유별京中留別」이라는 시에도 '일호천소日戶天嘯'라고 기재되어 있으나, 고이즈미 마사모치小泉政以(1867~1909)와의 관련성을 짐작할 수 있으나, 근거를 찾기는 어렵다.
3 柳子厚, 『朝鮮褓負商攷』, 正音社, 1948, 37쪽.
4 조영준·심재우·양선아·전경목 역해, 『장돌뱅이의 조직과 기록: 예산·덕산·면천·당진 편』, 한국학중앙연구원 출판부, 2015; 조영준·김봉좌·오창현 역해, 『장뱅이의 조직과 기록: 저산팔읍 상무우사 편』, 한국학중앙연구원 출판부, 2019; 조영준·고민정·오창현 역해, 『장돌뱅이의 조직과 기록: 저산팔읍 상무좌사 편』, 한국학중앙연구원 출판부, 2021; 조영준·심재우·고민정·오창현 역해, 『장돌뱅이의 조직과 기록: 홍주·결성·보령·청양·대흥·오천 편』, 한국학중앙연구원 출판부, 2023; 조영준·김봉좌·심재우·오창현 역해, 『장돌뱅이의 조직과 기록: 창녕·고령 편』, 한국학중앙연구원 출판부, 2024; 조영준·김봉좌·안혜경·심재우 역해, 『장돌뱅이의 조직과 기록: 국내외 아카이브 편』, 한국학중앙연구원출판부, 근간.
5 조영준·김봉좌·오창현 역해, 『장돌뱅이의 조직과 기록: 저산팔읍 상무우사 편』, 한국학중앙연구원 출판부, 2019, 343-344쪽.
6 조영준·김봉좌·오창현 역해, 『장돌뱅이의 조직과 기록: 저산팔읍 상무우사 편』, 한국학중앙연구원 출판부, 2019, 365쪽.

2. 보상과 부상

7   이 책에서 소개하는 조선왕조실록 데이터베이스(https://sillok.history.go.kr)의 정보는 2025년 3월 31일에 마지막으로 확인한 것이다.

8   주지하듯이 『고종실록』은 이전의 실록과 달리 식민지기에 조선총독부의 주도하에 편찬된 것이다.

9   『고종실록』 19권, 고종 19년 7월 25일 기유, 2번째 기사, "敎曰: "負商, 本不當於軍伍, 遣歸鄕里, 各復其業.""

10 『고종실록』 33권, 고종 32년 3월 10일 신사, 1번째 기사.

11 『고종실록』 38권, 고종 35년 11월 24일 양력, 4번째 기사, "末乃愚彼褓負商, 擅自激鬧, 驅逐民會, 藉曰忠憤攸在, 而終致亂民之煽動, 實職此由也."

12 "第二十八條, 坐褓負商을 一切禁斷홀 事. 第二十九條, 褓負商의 奪婦와 掘塚ᄒᆞ눈 諸般弊習을 一切嚴禁홀 事. 第三十條, 褓負商等이 他商民에게 賻儀를 討索ᄒᆞ눈 弊를 一切嚴禁홀 事. (中略) 第四十五條, 褓負商等類가 鄕村에 飯을 討索ᄒᆞ눈 弊를 一切禁斷홀 事."

13 키워드를 '부상負商'으로 바꿔서 입력하더라도 '원문'에서 『고종실록』보다 앞선 시기에 검색되는 사례는 『순조실록』의 기사 1건이 유일하다. 이 사례에서는 번역자가 '부상負商'을 '등짐장수'로 번역하였다. 『승정원일기』에서는 '부상負商'이 순조 재위기에 5건, 고종 재위기에 29건 검색되며, 그보다 이른 시기의 기사는 검색되지 않는다. 또한 키워드를 '보상褓商'으로 입력했을 때, 고종 재위기보다 앞선 시기에 검색되는 사례는 없다. 결국 『승정원일기』나 조선왕조실록이나 마찬가지이다.

14 일본인의 기술 중에는 후로시키[風呂敷]라고 표현한 사례가 보인다.

15 일본어에는 지게에 상응하는 단어가 없어서, 일본인은 대개 발음을 그대로 적으며 지게チゲ라고 하였다.

16 武田範之,『洪疇遺蹟』, 1910. "褓商 褓ハ 風呂敷ナリ 布木 即チ 麻織物ト吳服類トヲ 主要賣品トス // 負商 負ハ肩ニ荷フナリ特殊ノ負器アリ而シテ陶器類(沙器ト稱ス)靴(鞋ト稱ス)等ノ風呂敷ニスルニ不便ナル貨物ヲ主要品トス."
17 조영준·김봉좌·안혜경·심재우 역해,『장돌뱅이의 조직과 기록: 국내외 아카이브 편』, 한국학중앙연구원출판부, 근간. 강조점은 필자에 의한 것이며, 이하에서도 마찬가지이다.
18 금帛, 백錦, 능綾, 단緞, 주紬 등은 모두 비단의 일종이다.
19 조영준·김봉좌·오창현 역해,『장돌뱅이의 조직과 기록: 저산팔읍 상무우사 편』, 한국학중앙연구원 출판부, 2019, 392-393쪽.
20 조영준·김봉좌·오창현 역해,『장돌뱅이의 조직과 기록: 저산팔읍 상무우사 편』, 한국학중앙연구원 출판부, 2019, 410쪽.
21 조영준·심재우·고민정·오창현 역해,『장돌뱅이의 조직과 기록: 홍주·결성·보령·청양·대흥·오천 편』, 한국학중앙연구원 출판부, 2023, 424-425쪽.
22 조영준·김봉좌·심재우·오창현 역해,『장돌뱅이의 조직과 기록: 창녕·고령 편』, 한국학중앙연구원 출판부, 2024, 176-178쪽.
23 조영준·고민정·오창현 역해,『장돌뱅이의 조직과 기록: 저산팔읍 상무좌사 편』, 한국학중앙연구원 출판부, 2021, 86쪽, 91쪽.
24 조영준·김봉좌·심재우·안혜경 역해,『장돌뱅이의 조직과 기록: 국내외 아카이브 편』, 한국학중앙연구원 출판부, 근간.
25 조영준·김봉좌·심재우·안혜경 역해,『장돌뱅이의 조직과 기록: 국내외 아카이브 편』, 한국학중앙연구원 출판부, 근간.
26 조영준·김봉좌·심재우·안혜경 역해,『장돌뱅이의 조직과 기록: 국내외 아카이브 편』, 한국학중앙연구원 출판부, 근간.
27 조영준·고민정·오창현 역해,『장돌뱅이의 조직과 기록: 저산팔읍 상무좌사 편』,

한국학중앙연구원 출판부, 2021, 203쪽.

28　조영준·고민정·오창현 역해, 『장돌뱅이의 조직과 기록: 저산팔읍 상무좌사 편』, 한국학중앙연구원 출판부, 2021, 211쪽.

29　선포구란 이른바 포구주인浦口主人 또는 여객주인旅客主人을 지칭하는 것이다. 관련 내용은 조영준, 「조선 후기 여객주인 및 여객주인권 재론 - 경기·충청 장토문적의 재구성을 통하여 - 」, 『잡담과 빙고: 경기·충청 장토문적으로 보는 조선 후기 여객주인권』(조영준 외), 소명출판, 2013, 505-533쪽 참조.

30　조영준·고민정·오창현 역해, 『장돌뱅이의 조직과 기록: 저산팔읍 상무좌사 편』, 한국학중앙연구원 출판부, 2021, 327-328쪽.

31　"行貨曰商, 居貨曰賈."

32　柳子厚, 『朝鮮褓負商攷』, 正音社, 1948, 5-6쪽.

33　조영준·심재우·고민정·오창현 역해, 『장돌뱅이의 조직과 기록: 홍주·결성·보령·청양·대흥·오천 편』, 한국학중앙연구원 출판부, 2023, 342쪽. 원문은 "右社區域이異於左社區域야右社商民則一月六市에逐其區域場市ᄒ와輪回行賣기로"이다.

34　어떤 일본인의 기술에서는 '市場まわり'라고 표현되어 있다.

35　조영준·김봉좌·오창현 역해, 『장돌뱅이의 조직과 기록: 저산팔읍 상무우사 편』, 한국학중앙연구원 출판부, 2019, 248쪽, 252-253쪽.

36　李能和, 「朝鮮の負·袱商とその變遷」, 『朝鮮』 271, 朝鮮總督府, 1937, 46쪽.

37　信夫淳平, 『韓半島』, 東京堂書店, 1901, 60쪽.

38　이는 마치 조선시대 의정부에 영의정, 좌의정, 우의정이 있었던 것과 마찬가지이다.

39　武田範之, 『洪疇遺蹟』, 1910, "左右商社ト名ツケシ原因ヲ討ヌシハ肅宗王ノ時教書(即チ勅許)ヲ得テ負商組合ノ江原道ノ一部ニ行ハレシニ始マレ其組令

ハ艱險ノ地ニ行商スル負商ハ艱難相救ヒ疾病相扶ケ義ヲ重シテ相信スルノ約ニ立テタリ興美風ハ忽チ各道ニ波及シ."

40　武田範之,『洪疇遺蹟』, 1910, "左社ハ金力ニ誇リ右社ハ腕力ニ誇リ市場ニ於ケル喧爭ハ到ル處ニ劇甚ヲ極メタリ."

41　菊地謙讓,『朝鮮雜記』, 鷄鳴社, 1931, 150쪽.

42　菊地謙讓,『朝鮮雜記』, 鷄鳴社, 1931, 164쪽.

43　柳子厚,『朝鮮褓負商攷』, 正音社, 1948, 103-104쪽.

3. 재생산된 전설

44　조영준·고민정·오창현 역해,『장돌뱅이의 조직과 기록: 저산팔읍 상무좌사 편』, 한국학중앙연구원 출판부, 2021, 142쪽.

45　조영준·고민정·오창현 역해,『장돌뱅이의 조직과 기록: 저산팔읍 상무좌사 편』, 한국학중앙연구원 출판부, 2021, 142쪽.

46　국사편찬위원회,『한국사』24(조선 초기의 경제구조), 1994, 166쪽에서는『골정담옹일기骨亭澹翁日記』라고 하였는데, 이는 초서草書로 적은 '강월정담옹일기江月亭澹翁日記'를 오독誤讀한 것이다.

47　조영준·고민정·오창현 역해,『장돌뱅이의 조직과 기록: 저산팔읍 상무좌사 편』, 한국학중앙연구원 출판부, 2021, 142쪽.

48　渡邊鷹次郞,「負褓商團眞相」, 1907, 2-3쪽.

49　조영준·고민정·오창현 역해,『장돌뱅이의 조직과 기록: 저산팔읍 상무좌사 편』, 한국학중앙연구원 출판부, 2021, 86쪽, 91-92쪽.

50　조영준·김봉좌·안혜경·심재우 역해,『장돌뱅이의 조직과 기록: 국내외 아카이브 편』, 한국학중앙연구원출판부, 근간.

51　조영준·고민정·오창현 역해,『장돌뱅이의 조직과 기록: 저산팔읍 상무좌사 편』,

한국학중앙연구원 출판부, 2021, 142-143쪽.

52 조영준·고민정·오창현 역해, 『장돌뱅이의 조직과 기록: 저산팔읍 상무좌사 편』, 한국학중앙연구원 출판부, 2021, 203쪽, 211쪽.

53 渡邊鷹次郎, 「負褓商團眞相」, 1907, 5쪽.

54 조영준·고민정·오창현 역해, 『장돌뱅이의 조직과 기록: 저산팔읍 상무좌사 편』, 한국학중앙연구원 출판부, 2021, 72쪽.

55 조영준·고민정·오창현 역해, 『장돌뱅이의 조직과 기록: 저산팔읍 상무좌사 편』, 한국학중앙연구원 출판부, 2021, 80쪽.

56 조영준·고민정·오창현 역해, 『장돌뱅이의 조직과 기록: 저산팔읍 상무좌사 편』, 한국학중앙연구원 출판부, 2021, 202쪽, 210쪽.

57 柳子厚, 『朝鮮褓負商攷』, 正音社, 1948, 14-15쪽.

58 菊地謙讓, 『朝鮮雜記』, 鷄鳴社, 1931, 152쪽.

59 菊地謙讓, 『朝鮮雜記』, 鷄鳴社, 1931, 148-149쪽. 괄호 안의 용어 설명은 원주原註.

60 菊地謙讓, 『朝鮮雜記』, 鷄鳴社, 1931, 151쪽.

61 柳子厚, 『朝鮮褓負商攷』, 正音社, 1948, 26쪽.

62 柳子厚, 『朝鮮褓負商攷』, 正音社, 1948, 24-25쪽.

63 柳子厚, 『朝鮮褓負商攷』, 正音社, 1948, 29-30쪽.

64 조영준·고민정·오창현 역해, 『장돌뱅이의 조직과 기록: 저산팔읍 상무좌사 편』, 한국학중앙연구원 출판부, 2021, 95쪽.

65 개성 인근에 위치한 발가산發佳山은 '밝아산'이라고도 하며, 금덕봉琴德峯의 별칭이다. 평화문제연구소, 『조선향토대백과』 2, 2004, 352쪽.

66 柳子厚, 『朝鮮褓負商攷』, 正音社, 1948, 27-28쪽.

67 文定昌, 『朝鮮の市場』, 日本評論社, 1941, 45쪽.

68 조영준·고민정·오창현 역해, 『장돌뱅이의 조직과 기록: 저산팔읍 상무좌사 편』, 한국학중앙연구원 출판부, 2021, 143쪽.

69 조영준·고민정·오창현 역해, 『장돌뱅이의 조직과 기록: 저산팔읍 상무좌사 편』, 한국학중앙연구원 출판부, 2021, 80쪽.

70 조영준·고민정·오창현 역해, 『장돌뱅이의 조직과 기록: 저산팔읍 상무좌사 편』, 한국학중앙연구원 출판부, 2021, 96쪽.

71 조영준·김봉좌·심재우·안혜경 역해, 『장돌뱅이의 조직과 기록: 국내외 아카이브 편』, 한국학중앙연구원 출판부, 근간.

72 조영준·김봉좌·심재우·안혜경 역해, 『장돌뱅이의 조직과 기록: 국내외 아카이브 편』, 한국학중앙연구원 출판부, 근간.

73 조영준·고민정·오창현 역해, 『장돌뱅이의 조직과 기록: 저산팔읍 상무좌사 편』, 한국학중앙연구원 출판부, 2021, 87쪽.

74 조영준·고민정·오창현 역해, 『장돌뱅이의 조직과 기록: 저산팔읍 상무좌사 편』, 한국학중앙연구원 출판부, 2021, 202쪽, 210쪽.

75 조영준·김봉좌·오창현 역해, 『장돌뱅이의 조직과 기록: 저산팔읍 상무우사 편』, 한국학중앙연구원 출판부, 2019, 299쪽.

76 菊地謙讓, 『朝鮮雜記』, 鷄鳴社, 1931, 152쪽.

77 조영준·고민정·오창현 역해, 『장돌뱅이의 조직과 기록: 저산팔읍 상무좌사 편』, 한국학중앙연구원 출판부, 2021, 143쪽.

78 菊地謙讓, 『朝鮮雜記』, 鷄鳴社, 1931, 148쪽.

79 조영준·고민정·오창현 역해, 『장돌뱅이의 조직과 기록: 저산팔읍 상무좌사 편』, 한국학중앙연구원 출판부, 2021, 203쪽, 211쪽.

80 조영준·고민정·오창현 역해, 『장돌뱅이의 조직과 기록: 저산팔읍 상무좌사 편』, 한국학중앙연구원 출판부, 2021, 202-203쪽, 210쪽.

81 조영준·김봉좌·오창현 역해, 『장돌뱅이의 조직과 기록: 저산팔읍 상무우사 편』, 한국학중앙연구원 출판부, 2019, 299쪽.

82 善生永助, 『朝鮮人の商業』, 朝鮮總督府, 1925, 79-80쪽.

83 信夫淳平, 『韓半島』, 東京堂書店, 1901, 59쪽, 괄호 안의 용어 설명은 원주原註.

84 菊地謙讓, 『朝鮮雜記』, 鷄鳴社, 1931, 151-152쪽.

85 柳子厚, 『朝鮮裸負商攷』, 正音社, 1948, 13-14쪽.

86 조영준·고민정·오창현 역해, 『장돌뱅이의 조직과 기록: 저산팔읍 상무좌사 편』, 한국학중앙연구원 출판부, 2021, 143-144쪽.

87 武田範之, 『洪疇遺蹟』, 1910, 괄호 안의 용어 설명은 원주原註.

88 武田範之, 『洪疇遺蹟』, 1910, 괄호 안의 용어 설명은 원주原註.

89 조영준·고민정·오창현 역해, 『장돌뱅이의 조직과 기록: 저산팔읍 상무좌사 편』, 한국학중앙연구원 출판부, 2021, 203쪽, 211쪽.

90 조영준·심재우·양선아·전경목 역해, 『장돌뱅이의 조직과 기록: 예산·덕산·면천·당진 편』, 한국학중앙연구원 출판부, 2015; 조영준·김봉좌·오창현 역해, 『장돌뱅이의 조직과 기록: 저산팔읍 상무우사 편』, 한국학중앙연구원 출판부, 2019; 조영준·심재우·고민정·오창현 역해, 『장돌뱅이의 조직과 기록: 홍주·결성·보령·청양·대흥·오천 편』, 한국학중앙연구원 출판부, 2023; 국립진주박물관, 『진주상무사: 보부상에서 근대 시장상인으로』, 2017.

91 조영준, 「조선 후기 시장과 상업의 장기 변동에 대한 재검토: 18~19세기 場市 통계를 중심으로」, 『경제사학』 76, 경제사학회, 2021, 239-264쪽.

4. 역사가 된 활약

92 조영준·고민정·오창현 역해, 『장돌뱅이의 조직과 기록: 저산팔읍 상무좌사 편』, 한국학중앙연구원 출판부, 2021, 144쪽.

93 조영준·고민정·오창현 역해, 『장돌뱅이의 조직과 기록: 저산팔읍 상무좌사 편』, 한국학중앙연구원 출판부, 2021, 203쪽, 210-211쪽.
94 信夫淳平, 『韓半島』, 東京堂書店, 1901, 59-60쪽.
95 菊地謙讓, 『朝鮮雜記』, 鷄鳴社, 1931, 152쪽.
96 조영준·김봉좌·심재우·안혜경 역해, 『장돌뱅이의 조직과 기록: 국내외 아카이브 편』, 한국학중앙연구원 출판부, 근간.
97 『비변사등록』 1866년 10월 24일 자에 기록된 논상論賞에 관한 별단別單에 "負商 閑良 王敏說 姜仁學 田得龍 梁千吉 以上直赴自願."이라고 되어 있다.
98 『순무영등록巡撫營謄錄』, 1866년(병인) 9월 12일.
99 경복궁 중건에 인력 또는 물력이 동원된 상인 중에서 보부상은 상대적으로 소수였으며, 서울 시전의 기여가 더 컸던 것으로 확인된다. 서울역사편찬원, 『국역 경복궁영건일기』 1·2, 2019를 참조.
100 조영준·고민정·오창현 역해, 『장돌뱅이의 조직과 기록: 저산팔읍 상무좌사 편』, 한국학중앙연구원 출판부, 2021, 144쪽.
101 서울역사편찬원, 『국역 경복궁영건일기』 2, 2019, 326쪽.
102 조영준·김봉좌·오창현 역해, 『장돌뱅이의 조직과 기록: 저산팔읍 상무우사 편』, 한국학중앙연구원 출판부, 2019, 131쪽.
103 조영준, 「조선 후기 상인 조직의 인원 구성과 변동 —저산팔읍 상무우사의 사례 분석—」, 『한국학』 161, 한국학중앙연구원, 2020, 134-136쪽, 147쪽.
104 李能和, 「朝鮮の負·袱商とその變遷」, 『朝鮮』 271, 朝鮮總督府, 1937, 51-52쪽.
105 黃玹, 『梅泉野錄』, 卷之一, 甲午以前 上⑨.
106 信夫淳平, 『韓半島』, 東京堂書店, 1901, 60쪽.

107 조영준·고민정·오창현 역해, 『장돌뱅이의 조직과 기록: 저산팔읍 상무좌사 편』, 한국학중앙연구원 출판부, 2021, 145쪽.
108 조영준·고민정·오창현 역해, 『장돌뱅이의 조직과 기록: 저산팔읍 상무좌사 편』, 한국학중앙연구원 출판부, 2021, 147쪽.
109 渡邊鷹次郎, 「負褓商團員相」, 1907, 4쪽.
110 善生永助, 『朝鮮人の商業』, 朝鮮總督府, 1925, 79쪽.
111 조영준·고민정·오창현 역해, 『장돌뱅이의 조직과 기록: 저산팔읍 상무좌사 편』, 한국학중앙연구원 출판부, 2021, 203쪽, 216쪽.
112 조영준·김봉좌·심재우·오창현 역해, 『장돌뱅이의 조직과 기록: 창녕·고령 편』, 한국학중앙연구원 출판부, 2024, 295쪽.
113 조영준·김봉좌·오창현 역해, 『장돌뱅이의 조직과 기록: 저산팔읍 상무우사 편』, 한국학중앙연구원 출판부, 2019, 226쪽.
114 조영준·고민정·오창현 역해, 『장돌뱅이의 조직과 기록: 저산팔읍 상무좌사 편』, 한국학중앙연구원 출판부, 2021, 203쪽, 211쪽.
115 조영준·고민정·오창현 역해, 『장돌뱅이의 조직과 기록: 저산팔읍 상무좌사 편』, 한국학중앙연구원 출판부, 2021, 204쪽, 211-212쪽.
116 조영준·고민정·오창현 역해, 『장돌뱅이의 조직과 기록: 저산팔읍 상무좌사 편』, 한국학중앙연구원 출판부, 2021, 98쪽.
117 조영준·고민정·오창현 역해, 『장돌뱅이의 조직과 기록: 저산팔읍 상무좌사 편』, 한국학중앙연구원 출판부, 2021, 36쪽, 38-39쪽, 54쪽, 98쪽; 조영준·김봉좌·오창현 역해, 『장돌뱅이의 조직과 기록: 저산팔읍 상무우사 편』, 한국학중앙연구원 출판부, 2019, 255쪽.
118 조영준·고민정·오창현 역해, 『장돌뱅이의 조직과 기록: 저산팔읍 상무좌사 편』, 한국학중앙연구원 출판부, 2021, 205쪽.

119 조영준·심재우·고민정·오창현 역해, 『장돌뱅이의 조직과 기록: 홍주·결성·보령·청양·대흥·오천 편』, 한국학중앙연구원 출판부, 2023, 503-511쪽.

120 조재곤, 「'負商感義碑'와 보부상의 동학농민군 토벌」, 『亞細亞文化硏究』 7, 가천대학교 아시아문화연구소, 2003, 220-224쪽에 영인되어 있다.

121 조영준·심재우·고민정·오창현 역해, 『장돌뱅이의 조직과 기록: 홍주·결성·보령·청양·대흥·오천 편』, 한국학중앙연구원 출판부, 2023, 511쪽.

122 「보령지역 조선 말기 보부상 활동 관련 비석 발견」, 『뉴시스』, 2012년 3월 21일 자.

123 信夫淳平, 『韓半島』, 東京堂書店, 1901, 62-63쪽.

124 菊地謙讓, 『朝鮮雜記』, 鷄鳴社, 1931, 154-155쪽. 광무 6년이라는 연도 표기는 착오인 듯하다.

125 조영준·심재우·양선아·전경목 역해, 『장돌뱅이의 조직과 기록: 예산·덕산·면천·당진 편』, 한국학중앙연구원 출판부, 2015; 조영준·김봉좌·오창현 역해, 『장돌뱅이의 조직과 기록: 저산팔읍 상무우사 편』, 한국학중앙연구원 출판부, 2019; 조영준·고민정·오창현 역해, 『장돌뱅이의 조직과 기록: 저산팔읍 상무좌사 편』, 한국학중앙연구원 출판부, 2021; 조영준·심재우·고민정·오창현 역해, 『장돌뱅이의 조직과 기록: 홍주·결성·보령·청양·대흥·오천 편』, 한국학중앙연구원 출판부, 2023; 조영준·김봉좌·심재우·오창현 역해, 『장돌뱅이의 조직과 기록: 창녕·고령 편』, 한국학중앙연구원 출판부, 2024; 조영준·김봉좌·안혜경·심재우 역해, 『장돌뱅이의 조직과 기록: 국내외 아카이브 편』, 한국학중앙연구원출판부, 근간.

5. 신화 속의 영웅

126 조영준·심재우·양선아·전경목 역해, 『장돌뱅이의 조직과 기록: 예산·덕산·면천·당진 편』, 한국학중앙연구원 출판부, 2015, 51쪽, 58쪽.

127 조영준·김봉좌·오창현 역해, 『장돌뱅이의 조직과 기록: 저산팔읍 상무우사 편』, 한국학중앙연구원 출판부, 2019; 조영준·심재우·고민정·오창현 역해, 『장돌뱅이의 조직과 기록: 홍주·결성·보령·청양·대흥·오천 편』, 한국학중앙연구원 출판부, 2023; 조영준·김봉좌·심재우·오창현 역해, 『장돌뱅이의 조직과 기록: 창녕·고령 편』, 한국학중앙연구원 출판부, 2024.

128 조영준·김봉좌·심재우·안혜경 역해, 『장돌뱅이의 조직과 기록: 국내외 아카이브 편』, 한국학중앙연구원 출판부, 근간.

129 원문을 보면, '달원達元'이라고 적어야 할 곳에 '원원遠元'이라고 잘못 적어놓았다.

130 조영준·고민정·오창현 역해, 『장돌뱅이의 조직과 기록: 저산팔읍 상무좌사 편』, 한국학중앙연구원 출판부, 2021, 319쪽, 328쪽.

131 조영준·김봉좌·심재우·오창현 역해, 『장돌뱅이의 조직과 기록: 창녕·고령 편』, 한국학중앙연구원 출판부, 2024, 293-294쪽.

132 조영준·김봉좌·심재우·오창현 역해, 『장돌뱅이의 조직과 기록: 창녕·고령 편』, 한국학중앙연구원 출판부, 2024, 296쪽.

133 「負·褓商の社會に忠告す」, 『朝鮮日報』 제39호, 1920년 6월 12일 자. 李能和, 「朝鮮の負·褓商とその變遷」, 『朝鮮』 271, 朝鮮總督府, 1937, 47-49쪽에서 재인용.

134 菊地謙讓, 『朝鮮雜記』, 鷄鳴社, 1931, 148쪽.

135 車相瓚, 『朝鮮史外史』, 明星社, 1947, 81쪽.

136 柳子厚, 『朝鮮褓負商攷』, 正音社, 1948, 24쪽.

참고문헌

1. 단행본

국립진주박물관, 『진주상무사: 보부상에서 근대 시장상인으로』, 2017.
朴元善, 『負褓商』, 韓國硏究院, 1965.
서울역사편찬원, 『국역 경복궁영건일기』 1·2, 2019.
柳子厚, 『朝鮮褓負商攷』, 正音社, 1948.
李圭泰, 『開化百景』, 新太陽社, 1969.
이창식, 『한국의 보부상』, 밀알, 2001.
조영준, 「돌고 돌았던 순회상인의 길 위에 펼쳐진 삶: 장돌림과 장삿길에 대한 오해와 진실」, 『조선 사람의 조선여행』, 글항아리, 2012.
_____, 「조선 후기 여객주인 및 여객주인권 재론―경기·충청 장토문적의 재구성을 통하여―」, 조영준 외, 『잡담과 빙고: 경기·충청 장토문적으로 보는 조선 후기 여객주인권』, 소명출판, 2013.
조영준·고민정·오창현 역해, 『장돌뱅이의 조직과 기록: 저산팔읍 상무좌사 편』, 한국학중앙연구원출판부, 2021.
조영준·김봉좌·심재우·오창현 역해, 『장돌뱅이의 조직과 기록: 창녕·고령 편』, 한국학중앙연구원출판부, 2024.
조영준·김봉좌·안혜경·심재우 역해, 『장돌뱅이의 조직과 기록: 국내외 아카이브 편』, 한국학중앙연구원출판부, 근간.
조영준·김봉좌·오창현 역해, 『장돌뱅이의 조직과 기록: 저산팔읍 상무우사 편』, 한국학중앙연구원출판부, 2019.

조영준·심재우·고민정·오창현 역해, 『장돌뱅이의 조직과 기록: 홍주·결성·보령·청양·대흥·오천 편』, 한국학중앙연구원출판부, 2023.

조영준·심재우·양선아·전경목 역해, 『장돌뱅이의 조직과 기록: 예산·덕산·면천·당진 편』, 한국학중앙연구원출판부, 2015.

조재곤, 『한국 근대사회와 보부상』, 혜안, 2001.

_____, 『보부상─근대 격변기의 상인』, 서울대학교출판부, 2003.

車相瓚, 『朝鮮史外史』, 明星社, 1947.

2. 논문

조영준, 「조선 후기 시장과 상업의 장기 변동에 대한 재검토: 18~19세기 場市 통계를 중심으로」, 『경제사학』 76, 경제사학회, 2021.

_____, 「'負商感義碑'와 보부상의 동학농민군 토벌」, 『亞細亞文化硏究』 7, 가천대학교 아시아문화연구소, 2003.

菊地謙讓, 『朝鮮雜記』, 鷄鳴社, 1931.

李能和, 「朝鮮の負·袱商とその變遷」, 『朝鮮』 271, 朝鮮總督府, 1937, 43-59쪽.

武田範之, 『洪疇遺蹟』, 제13책, 1910. 「負褓商考」, 43년 4월 9일~16일.
「負褓商ニ對スル私見」 43년 4월 17일.

信夫淳平, 『韓半島』, 東京堂書店, 1901.

渡邊鷹次郎, 「負褓商團員相」, 1907.

善生永助, 『朝鮮人の商業』, 朝鮮總督府, 1925.

文定昌, 『朝鮮の市場』, 日本評論社, 1941.

3. 인터넷 자료

조선왕조실록 데이터베이스(https://sillok.history.go.kr).